Kittmann · Lammerskitten · Wabbel

Einfach schneller segeln

Ulrich Kittmann
Frank Lammerskitten
Günter Wabbel

Einfach
schneller segeln

Delius Klasing Verlag

Die Deutsche Bibliothek − CIP-Einheitsaufnahme

Einfach schneller segeln / Ulrich Kittmann;
Frank Lammerskitten; Günter Wabbel. − Bielefeld:
Delius Klasing, 1993
  ISBN 3-7688-0745-2
NE: Kittmann, Ulrich; Lammerskitten, Frank;
Wabbel, Günter

© Copyright by UNITED NAUTICAL
PUBLISHERS, Basel 1993
Die Rechte für die deutsche Ausgabe liegen beim
Verlag Delius, Klasing & Co., Bielefeld

Fotos: Hans-Günter Kiesel, S. 9, 15 u., 20, 26 l.o.,
107, 109, 110, 111 (2), 112 l., 117 (3), 132, 138.
Erik von Krause, S. 29; alle übrigen: Autoren
Zeichnungen: Ekkehard Schonart
Einbandgestaltung: Ekkehard Schonart
Layout: Hans-Georg Berkau
Satz: Kunst- und Werbedruck, Bad Oeynhausen
Printed in Italy 1993
by Grafiche Editoriali Padane, Cremona

Inhalt

Liebe Leser,

dieses Buch wendet sich an alle, denen schnelles Segeln Spaß macht. Ganz gleich welches Boot man schneller segeln will, ob erfahrener Freizeitsegler, Teilnehmer an Clubregatten oder internationaler Spitzensegler: die Grundbegriffe sind überall die gleichen. Auch zum Gewinn einer Weltmeisterschaft gehört immer wieder die selbstkritische Frage nach den eigenen Fehlern oder besser nach dem, was mich noch schneller macht. Hier finden Sie zahlreiche Hinweise und Tips, von einer guten Ausrüstung Ihres Bootes bis hin zum Ablauf eines schnellen und sicheren Manövers. Aus meiner Erfahrung helfen praxisbezogene Erläuterungen, wie in diesem Buch, mit anschließender Ausführung auf dem Wasser zusammen mit befreundeten Seglern am effektivsten, besser und schneller zu segeln.

Dr. Wolfgang Hunger
Zweifacher Weltmeister
Kieler Woche-Rekordsieger
zweifacher Olympiateilnehmer

Jolle in schneller Gleitfahrt.

Segelphysik zum Einstieg

Ein segelndes Fahrzeug ist das Ergebnis des Zusammenspiels zahlreicher Kräfte. Zu den Faktoren, die die Geschwindigkeit und Leistungsfähigkeit einer Yacht beeinflussen, gehören die aero- und hydrodynamischen Kräfte und Widerstände, der Trimm der Segel und der des Bootes. Sie werden hier auf ihre geschwindigkeitsfördernden und geschwindigkeitshemmenden Einflüsse untersucht. Es folgt eine Darstellung, wie die geschwindigkeitsfördernden Kräfte über und unter Wasser optimiert und die geschwindigkeitshemmenden Einflüsse klein gehalten werden können, um die Bootsgeschwindigkeit jeder Yacht zu erhöhen. Es wird gezeigt, wie man durch den richtigen Trimm die so erreichte hohe Geschwindigkeit der Yacht bei den verschiedenen Wind- und Wetterbedingungen und auf den unterschiedlichen Kursen erhalten kann.

Diese Kielyacht läuft maximale Fahrt; eingebettet zwischen Bug- und Heckwelle, hat sie ihre Rumpfgeschwindigkeit erreicht.

Geschwindigkeitsfördernde aerodynamische Kräfte

Man unterscheidet zwischen dem wahren Wind (= atmosphärischer Wind), dem Fahrtwind und dem scheinbaren Wind. Diese drei hängen in Richtung und Stärke voneinander ab, da der scheinbare Wind die vektorielle Summe aus wahrem Wind und Fahrtwind ist.

Auf allen Kursen, außer auf dem absoluten Vormwind-Kurs, fällt der scheinbare Wind deshalb vorlicher ein als der wahre Wind. Beim Segeln mit halbem Wind oder auf Raumschotkurs ist die Abweichung von der wahren Windrichtung am stärksten, da der Fahrtwind im Verhältnis zum wahren Wind zunimmt.

Auch die Stärke des scheinbaren Windes ist ein Produkt aus wahrem Wind und Fahrtwind. Auf Amwind- bis Halbwind-Kursen ist er stärker, auf Raumschot-

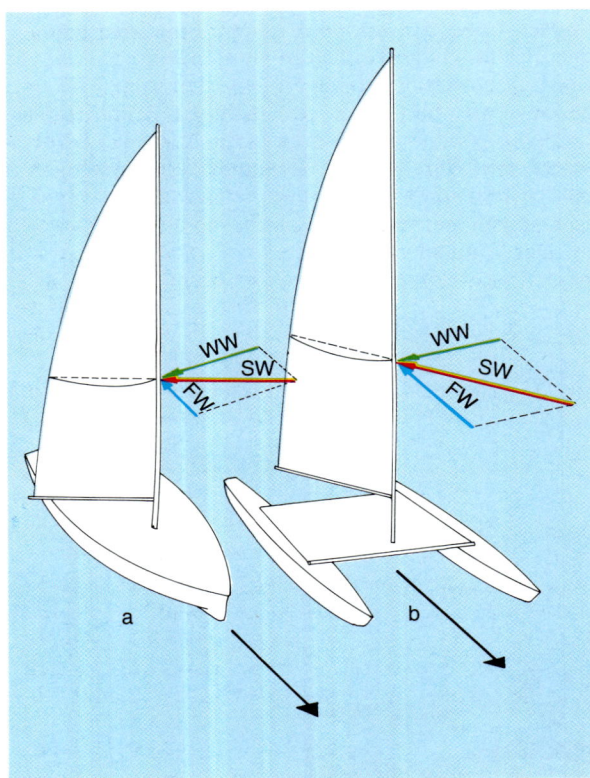

Der Katamaran (b) erzielt auf gleichem Kurs eine höhere Geschwindigkeit als die Gleitjolle (a). Der Fahrtwind (FW) ist deshalb wesentlich größer. Die Konstruktion des Kräfteparallelogramms ergibt, daß der scheinbare Wind (SW) auf dem Kat vorlicher einfällt als auf der Jolle. Der Kat fährt seine Schoten dichter.

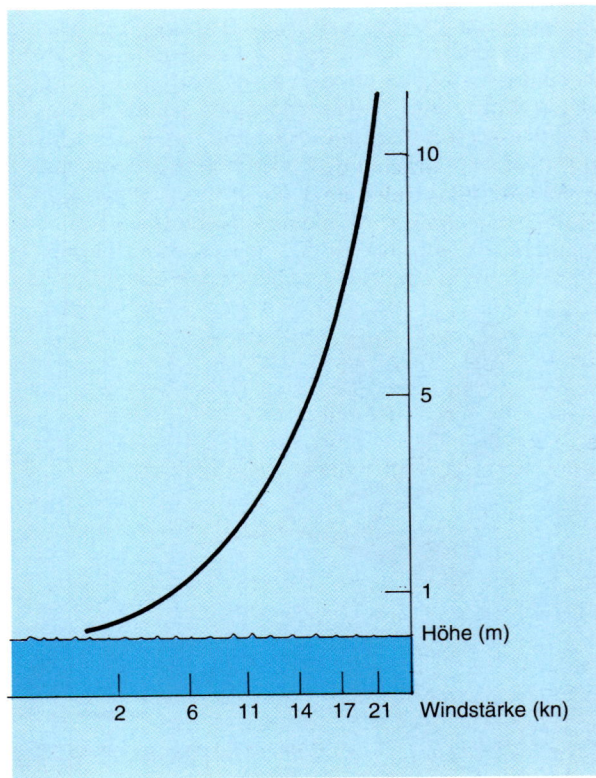

Zunahme des Windes mit der Höhe (mittlerer Wind). Bereits in 5 m Höhe ist die Windgeschwindigkeit mehr als doppelt so hoch wie am Großbaum.

und Vormwind-Kurs ist er schwächer als der wahre Wind, da hier der Fahrtwind entgegenwirkt.

Die Kenntnis dieser einfachen Zusammenhänge wird in der Segelpraxis nutzbringend angewendet. Als Faustregel gilt: Auf Amwind-Kursen wirkt der scheinbare Wind mit etwa einer Windstärke mehr als die Stärke des wahren Windes beträgt auf das Segel ein, auf Raumschotkursen etwa gleich stark und vorm Wind ist der scheinbare Wind etwa eine Windstärke geringer als der wahre Wind. Dieser Faktor muß neben anderen beim Trimm berücksichtigt werden. Bei Fahrterhöhung ändert sich vor allem die Richtung des scheinbaren Windes. Die schnellere Yacht erhält den scheinbaren Wind vorlicher.

Die Zeichnung erklärt auch die Richtungsänderung des scheinbaren Windes beim Segeln in der Welle. Eine Yacht, die die Welle hinaufläuft, verliert an Fahrt, der scheinbare Wind raumt. Hat die Yacht den Wellenkamm überschritten, nimmt ihre Fahrt zu. Der scheinbare Wind fällt vorlicher ein. Jetzt muß eine Änderung der Segelstellung oder eine Kursänderung erfolgen. (Die Wellentechnik wird in einem besonderen Kapitel behandelt, siehe Seite 69). Ähnliche Windverhältnisse treten auf, wenn eine Yacht im Seegang schlingert oder stampft. Die Bewegungen folgen jedoch so schnell aufeinander, daß sich eine Änderung der Segelstellung nicht lohnt. Das Segel wird lediglich voller gefahren: Ein flach getrimmtes Segel reagiert empfindlicher auf den Abriß der Luftströmung, was bei diesen äußeren Bedingungen häufig eintreten kann. Der zweite Grund, das Segel voller zu fahren ist, daß das Boot bei Seegang erhöhten Wasserwiderständen ausgesetzt ist und deshalb langsamer segelt. Um die Widerstände zu überwinden, muß das Segel maximale Kraft entwickeln können. Es muß auf „Speed" (= bauchig) und nicht auf Höhe (= flach) getrimmt werden.

Zunahme des Windes mit der Höhe

Aufgrund der geringeren Bodenreibung nimmt die Windstärke mit größerer Höhe beträchtlich zu. Erst ab 10 bis 15 Meter Höhe kann der Wind als gleichbleibend stark angesehen werden.

Verschiedene Untersuchungen haben ergeben, daß die Richtungsänderung zwischen der Großbaumhöhe und dem Toppbereich des Segels auf Amwind-Kursen etwa 4 Grad, auf Raumschotkursen sogar mehr als 10 Grad beträgt, wobei der Wind in der Höhe, aufgrund der höheren Geschwindigkeit des wahren Windes, raumer einfällt. Das richtig eingestellte Segel wird deshalb im Bereich des Baumes dichter, im Toppbereich weiter offen gefahren. Das Segel ist „getwistet".

Wie entsteht der Vortrieb?

Es gibt zwei verschiedene Arten, in einem Segel Vortrieb zu erzeugen: den Vortrieb durch Widerstand und den Vortrieb durch Umlenkung (Auftrieb).

Der Vortrieb durch Widerstand entsteht, wenn eine Yacht vor dem Wind segelt. Der Wind trifft von hinten auf das Segel und staut sich vor dessen Fläche; er schiebt das Boot vor sich her. Dabei umströmt der Wind das Segelprofil nicht. Auf der Luvseite des Segels entsteht ein Überdruck, auf der Leeseite herrscht ein Unterdruck. Gleichzeitig kommt es zu Verwirbelungen, da am quer zur Windrichtung stehenden Segel nur Stauströmung entstehen, aber keine laminare (glatte) Strömung anliegen kann.

Zwei Faktoren sind verantwortlich dafür, daß diese Antriebsart die langsamste ist. Erstens: Die Stärke des scheinbaren Windes nimmt auf dem Vormwind-Kurs ab, da der Fahrtwind dem wahren Wind entgegenwirkt. Zweitens: Auf diesem Kurs kann das aerodynamisch günstig geformte Segelprofil nicht wirksam werden. Der Wind kann nicht umgelenkt werden, da er in einem Winkel von genau oder annähernd 90 Grad auf das Segel trifft. Das Segel bietet dem Wind nur Widerstand und erzielt keine größere Vortriebswirkung als ein Brett.

Beim Vortrieb durch Umlenkung (Auftrieb) wird das Segel auf beiden Seiten laminar (verwirbelungsfrei) umströmt; es kommt im Idealfall kaum zu nennenswerten turbulenten (verwirbelten) Luftströmungen am Segelprofil. Um die Luft ohne Verwirbelungen an dem Segel vorbeifließen zu lassen, müssen Segelprofile gewölbt sein. Der Wind wird an jedem Punkt der Wölbung, sozusagen scheibchenweise, abgelenkt. Nähme man ein Brett und würde es im Winkel zum Wind anstellen, so könnte die Strömung der Fläche in Lee nicht folgen; sie würde abreißen. In Luv würde sie sich stauen: Es würde eine Stauzone in Luv und eine Wirbelzone in Lee entstehen.

Der scheinbare Wind, der auf das gewölbte Segel trifft, wird also abgelenkt. Jedes einzelne Luftpaket, das dem Segelprofil folgt, ändert dabei seine Richtung und Geschwindigkeit. Die Kräfte, die bei der Richtungs- und Geschwindigkeitsänderung entstehen, bewirken auf der Luvseite des Segels eine Schubkraft und auf der Leeseite eine Zugkraft. Es kommt aber nicht zu einer Stauung des Windes wie beim Antrieb durch Widerstand. Vielmehr wird die Luft auf der Luvseite bei der Umlenkung nur leicht abgebremst und auf der Leeseite leicht beschleunigt.

11

Diese Jolle segelt mit Vortrieb durch Widerstand.

Diese Jolle erhält ihren Vortrieb durch
Auftrieb.

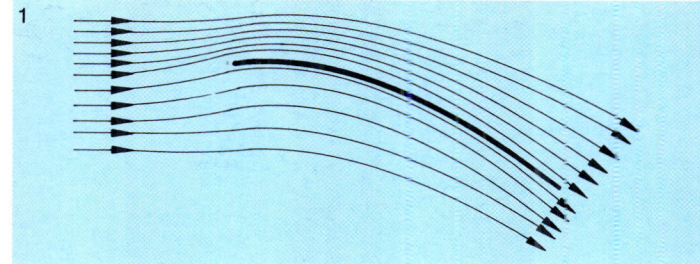

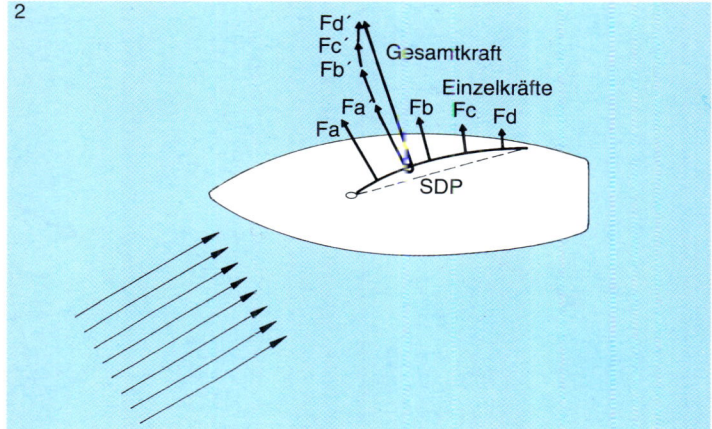

1 *Bei laminarer Strömung fließt die Luft
glatt und ohne Verwirbelungen an der
Luv- und Leeseite des Segelprofils entlang.*

2 *Im besonders bauchigen vorderen
Drittel des Segels entwickeln sich die
stärksten aerodynamischen Auftriebs-
kräfte. Da alle Kräfte senkrecht auf
den Teil des Segels wirken, an dem sie
entstehen, ist auch die Gesamtkraft
aufgrund der Segelwölbung leicht vorlich gerichtet.*

Die Kräfte, die durch die Richtungs- und Geschwin-
digkeitsdifferenz der verschiedenen Luftpakete in Luv
und Lee erzeugt werden, wirken als senkrechte Kräfte
auf den Teil des Segels, an dem sie entstehen. Addiert
man alle Teilkräfte nach Richtung und Betrag (Richtung und Länge der Vektoren), so erhält man die
Gesamtkraft, die am Segelprofil wirkt. Der Ursprung
dieser Resultierenden liegt im Segeldruckpunkt
(SDP). Der Segeldruckpunkt befindet sich an der
Stelle des Segels, an der sich, physikalisch gesehen,
alle Kräfte, die am Segel wirksam werden, vereinigen
lassen.

Die Gesamtkraft am Segel bewirkt auf der segelnden
Yacht den Vortrieb und die Krängungskraft. Der parallel zur Fahrtrichtung wirkende Vortrieb treibt die
Yacht voran, die Krängungskraft macht sich als unerwünschte Abdrift und Krängung bemerkbar. Da die
Richtung des Vortriebsvektors im Verhältnis zum Segel
immer gleich, nämlich voraus gerichtet ist, bewirkt ein
leichtes Auffieren des Großsegels häufig, daß die
Abdrift geringer und der Vortrieb größer wird.
Bereits an dieser Stelle soll die Bedeutung des richtigen Anstellwinkels vom Segel zum Wind erwähnt
werden. Eine laminare Strömung kann nur dann am

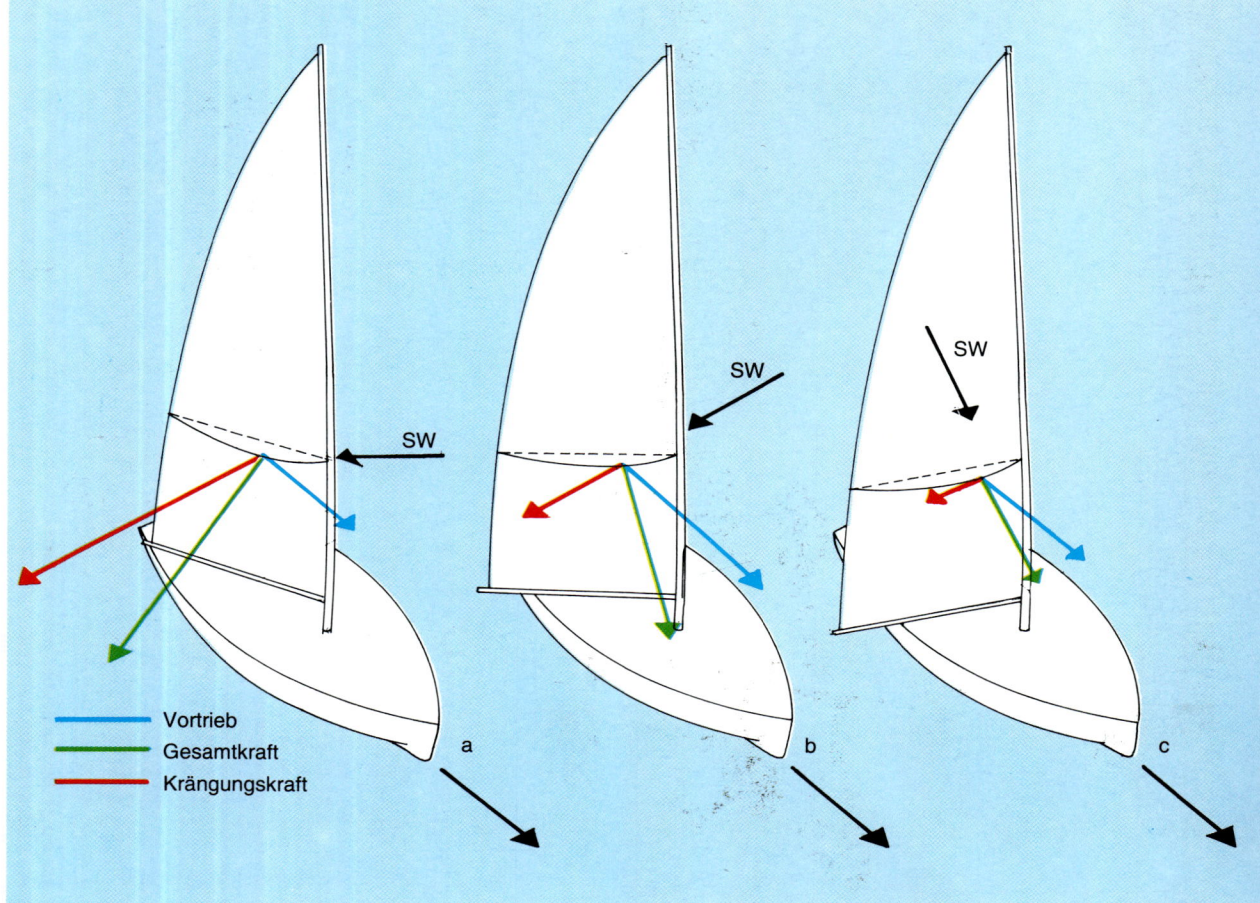

- ——— Vortrieb
- ——— Gesamtkraft
- ——— Krängungskraft

Die Abbildungen zeigen das Verhältnis von Vortrieb und Krängungskraft auf a) Amwind-Kurs, b) Raumschotkurs und c) Vormwind-Kurs. Mit dem Abfallen nimmt die Vortriebsleistung des Segels zu, da die Richtung der Gesamtkraft zunehmend in Fahrtrichtung der Yacht wirkt; Abdrift und Krängung nehmen ab, die Yacht wird schneller. Fällt man allerdings bis in den Bereich des Antriebs durch Widerstand (Vormwind) ab, so verringert sich die Geschwindigkeit wieder.

Segel entstehen, wenn die Anschnittkante des Segels genau von vorn angeströmt wird.

Der Anschnitt des Großsegels eines katgetakelten Bootes ist über die gesamte Höhe etwa gleich mit der Anschnittkante eines Vorsegels, da der Wind beide direkt anströmt.

Beim Groß eines slupgetakelten Bootes gibt es andere Verhältnisse: Da die Luft im unteren Bereich von der Fock abgelenkt wird, trifft die Strömung das Großsegel hier parallel zur Mittschiffsachse. Der Anschnitt in diesem Bereich muß also etwa parallel zur Mittschiffslinie sein. Im oberen Bereich wird das Groß direkt angeströmt; der Wind fällt raumer ein. Hier wird der Anstellwinkel in etwa identisch mit dem des Großsegels eines katgetakelten Bootes sein.

Die richtige Segelstellung zu finden und aufrecht zu erhalten ist also für die Kraftentwicklung von entscheidender Bedeutung. Deshalb wird ein Segler immer versuchen, seine Segel so weit zu fieren, wie Kurs und Anstellwinkel dies gerade zulassen.

Flaches Profil eines Großsegels.

Der Anschnitt des Segels eines katgetakelten Bootes ist über die gesamte Höhe gleich; der Anschnitt des Großsegels eines slupgetakelten Bootes (oben links) ist im oberen Drittel offener, da der Wind ohne Umlenkung durch die Fock an dieser Stelle raumer einfällt.

Das Segelprofil

Die Stärke des Vortriebs ist abhängig von der Tiefe des Segelprofils.

In einem tieferen Profil wird der Wind stärker umgelenkt. Der Geschwindigkeitsunterschied der Luftpakete zwischen Luv und Lee nimmt zu und erzeugt einen stärkeren Unterdruck in Lee und Überdruck in Luv. Die Gesamtkraft des Segels wächst.

Merksätze zu den aerodynamischen Kräften

1. Auf allen Kursen fällt der scheinbare Wind vorlicher ein als der wahre Wind. Die einzige Ausnahme bildet der Vormwind-Kurs.
2. Auf Amwind-Kursen ist der scheinbare Wind stärker, auf Raumschotkursen und dem Vormwind-Kurs ist er schwächer als der wahre Wind.
3. Windrichtung und -stärke ändern sich mit zunehmender Höhe am Segel. Im Toppbereich fällt der Wind stärker und deshalb raumer ein als in Höhe des Großbaums.
4. Beim Segeln in der Welle unterliegt eine Yacht Geschwindigkeitsänderungen. Diese bewirken eine Veränderung der Richtung und Stärke des scheinbaren Windes am Segel.
5. Ein bauchiges Segel erzeugt mehr Auftrieb als ein Segel mit geringer Wölbungstiefe.
6. Bei leichtem Wind hat ein stark gewölbtes Segel den größten Effekt auf die Geschwindigkeit. Je schwächer der Wind, desto stärker sollte das Segel gewölbt sein. Ist die Wölbung allerdings zu stark, kann die sensible laminare Strömung dem Bauch in Lee nicht folgen und reißt ab.
7. Auf Raumschotkursen sind bauchige Segel den flachen überlegen.
8. Mit einem bauchigen Segel kann nicht so hoch am Wind gesegelt werden wie mit einem flachen, da es nicht so dicht gefahren werden darf. Die Leeströmung könnte sonst abreißen.
9. Schnellere Yachten sollten mit flacheren Segeln gefahren werden, da sie auf Amwind-Kursen den Wind vorlicher erhalten als die langsamen Yachten.
10. Yachten mit starrem Rigg sollten Vor- und Großsegel mit einer mittleren Wölbungstiefe fahren. Yachten mit flexiblem Rigg können mit ihren Trimmeinrichtungen das Profil des Segels entsprechend den äußeren Bedingungen verändern.
11. Der Anstellwinkel des Segels zur Windrichtung bleibt immer gleich. Dreht der Rumpf auf einen anderen Kurs, variiert man nur die Stellung des Segels zur neuen Fahrtrichtung so, daß die Anschnittkante des Segels weiterhin genau von vorn angeströmt wird.
12. Auf Raumschotkursen stellt man das Segel so ein, daß die Gesamtkraft des Segels möglichst groß ist. Auf Amwind-Kursen zählt neben der Größe auch die Richtung der Gesamtkraft zu den geschwindigkeitsbestimmenden Faktoren. Ein leichtes Fieren kann die Gesamtkraft häufig vorlicher richten, die Krängungskraft mindern und somit den Vortrieb vergrößern.

Geschwindigkeitshemmende aerodynamische Kräfte

Zu den geschwindigkeitshemmenden Faktoren gehören die Widerstände, die am Segel, am Rigg und an der Mannschaft auftreten. Diese Widerstände erhöhen die Krängungskraft und vermindern die Vortriebsleistung des Segels. Sie entscheiden mit über die Geschwindigkeit der Yacht. Bereits hier sei darauf hingewiesen, daß diese Luftwiderstände beim Segeln auf allen Amwind-Kursen akzeptiert werden müssen. Jeder, der schnell segeln will, muß deshalb darauf bedacht sein, sie so gering wie möglich zu halten. Nur auf dem Vormwind-Kurs, bei dem der Vortrieb durch Widerstand entsteht, wirken sich diese aerodynamischen Widerstände positiv auf die Geschwindigkeit aus.

Widerstände am Segel

Reibungs-, Induktions- und Formwiderstand bilden den aerodynamischen Widerstand des Segels.

Reibungswiderstand

Die Qualität des Segeltuches bestimmt die Größe des Reibungswiderstandes. Die rauhe Oberfläche und die relativ hohe Luftdurchlässigkeit eines schlechten Segeltuches bremsen die Luftteilchen, die unmittelbar auf der Oberfläche strömen, stark ab. Diese langsamen Luftteilchen bremsen die nächste Luftschicht wiederum ab und so fort. Die Stärke der durch die Oberfläche eines Segels verlangsamten Luftschicht, die Grenzschicht, ist das Maß für den Reibungswiderstand eines Segels. Je langsamer die Strömung der Grenzschicht ist, desto geringer ist die Möglichkeit des Segels, Vortriebskräfte zu erzeugen.

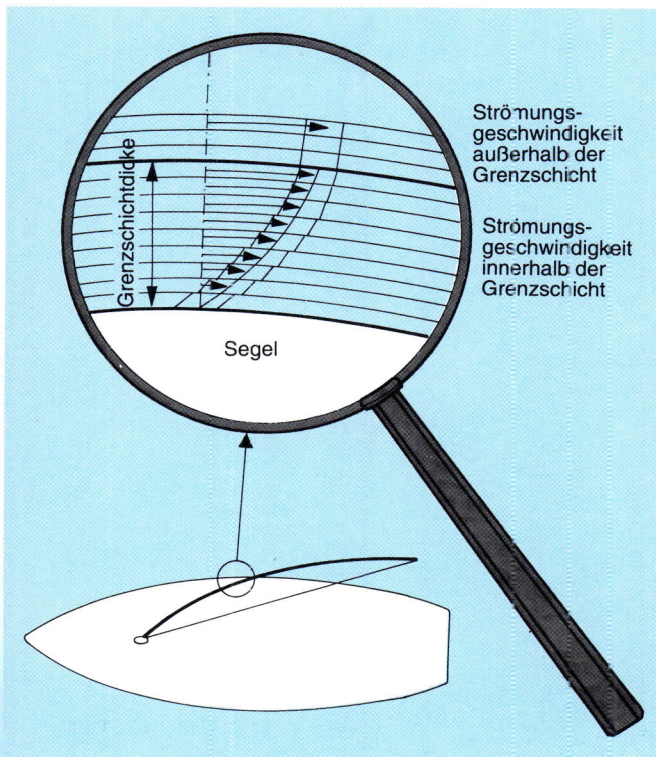

Strömungsgeschwindigkeit außerhalb der Grenzschicht

Strömungsgeschwindigkeit innerhalb der Grenzschicht

Grenzschichtdicke

Segel

Die Geschwindigkeit der Luftströmung nimmt innerhalb der Grenzschicht erheblich ab. Die Stärke der Grenzschicht ist das Maß für den Reibungswiderstand. Je breiter ein Segel ist, desto eher geht die langsame, noch laminare Grenzschichtströmung in eine verwirbelte Strömung über. Diese Turbulenzen vergrößern den Reibungswiderstand des Segels. Kunstfasersegel haben nur noch ¼ des Reibungswiderstandes der alten Baumwollsegel. Mit der Segeltuchbeschichtung Mylar konnte der Reibungswiderstand weiter gesenkt werden.

Induktionswiderstand des Segels: Der Druckausgleich erfolgt immer unter Verwirbelungen, die auf nicht ausgenutzte Energie hinweisen. Flächengleiche Segel mit unterschiedlichen Höhenverhältnissen verursachen unterschiedliche induktive Luftwiderstände.

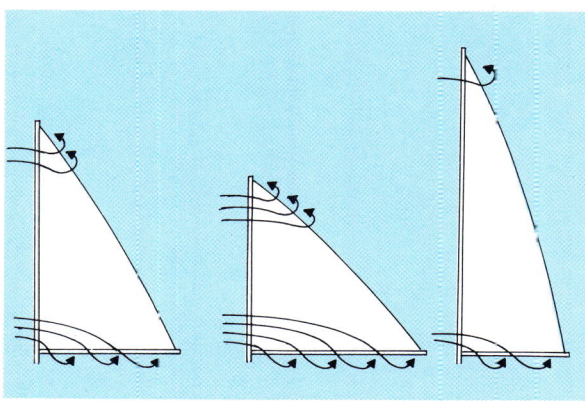

Auch durch Unebenheiten, besonders im vorderen Teil des Profils, geht die Parallelströmung der Luftteilchen verloren. Zwar entwickelt sich an jedem Segel turbulente Strömung, je weiter hinten sie jedoch einsetzt, desto leistungsfähiger ist das Profil. Neben Oberflächenbeschaffenheit sind Anstellwinkel und Wölbung des Segels, sowie der Einfluß des Mastes entscheidend, wann die laminare Strömung in eine geschwindigkeitshemmende turbulente übergeht.

Induktionswiderstand
Wie schon erwähnt, entsteht die Vortriebskraft am Segel aus den unterschiedlichen Druckverhältnissen auf der Lee- und Luvseite. Die Luft versucht diesen Druckunterschied auszugleichen. Das gelingt ihr am besten im Topp- und Baumbereich, also an der Ober- und Unterseite des Segels. Dort entsteht der sogenannte **Induktionswiderstand.**
Der Induktionswiderstand kann durch einen möglichst

tief über dem Cockpit angebrachten Großbaum weiter reduziert werden. So verringert sich der Abstand von Großbaum und Rumpf, es kann weniger Luft abfließen. Eine bis aufs Deck hinabreichende Fock kann die Ausgleichsströmung fast vollständig verhindern.

Formwiderstand

Wie jeder angeströmte Körper bietet auch das Segel dem Wind eine Angriffsfläche, denn es lenkt die Luftströmung aus der Ursprungsrichtung ab. Dabei wird die dünne Luftschicht direkt an der Segeloberfläche gebremst. Darüberliegende Luftpakete strömen schneller. Durch die Geschwindigkeitsunterschiede der einzelnen Luftschichten entstehen im Segel Verwirbelungen. Das Segel hat einen beträchtlichen **Formwiderstand.**

Die Form eines Körpers entscheidet über die Größe des Formwiderstandes. Es entsteht mehr Widerstand, je mehr das Segel von einem stromlinienförmigen Profil abweicht, so wenn
- das Segel sehr bauchig ist,
- die Segelwölbung ungleichmäßig verläuft und
- senkrechte Falten durch das Segel laufen.

Ein zu dicht gefahrenes Segel bewirkt, daß der Einsatzpunkt der turbulenten Strömung sehr weit nach vorn verlagert wird. Neben der Abnahme der Vortriebsleistung erhöht sich der Formwiderstand so stark, daß die Yacht übermäßig krängt und die Abdrift erheblich zunimmt.

In diesem Zusammenhang soll die Bedeutung der Fock für die aerodynamische Wirkung der Segel betrachtet werden: Bisher glaubte man, daß die Düse zwischen Fock und Großsegel den entscheidenden Vorteil einer Sluptakelung gegenüber der Kattakelung ausmache. Das haben neuere Untersuchungen widerlegt. Entscheidend ist, daß die Leeströmung über die gesamte Länge der Fläche von Vor- und Großsegel eine Beschleunigung erfährt.

Aerodynamisch sind Fock und Groß also als eine Einheit zu sehen. Die Tiefe des Gesamtprofils hängt von der Stellung des Großbaums ab. Wird das Groß gefiert, verringert man die Tiefe des Gesamtprofils. Bei dichtgeholtem Groß ist die Profiltiefe maximal.

Entsprechend werden die Segel heute zueinander gestellt. Die Düse spielt also gar keine Rolle, da kein Düseneffekt im physikalischen Sinne (= die Beschleunigung eines Mediums aufgrund eines sich verengenden Querschnitts) auftritt. Die „Düse" schafft lediglich die Möglichkeit des Luftabflusses aus der Fock. Allerdings erhöht eine falsch eingestellte Fock den Formwiderstand des Großsegels. Eine zu dicht geholte

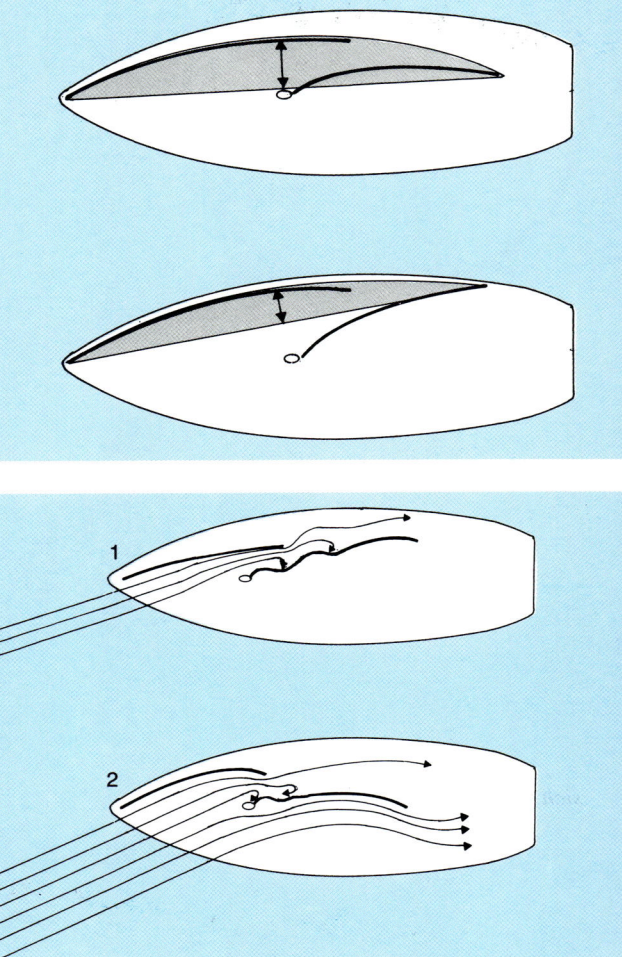

Mit dem Fieren des Großsegels verringert man die Profiltiefe und die Länge des Gesamtprofils, über die die Leeströmung beschleunigt wird. Die aerodynamische Gesamtkraft des Gesamtprofils nimmt ab (oben).

1. Das Profil des Großsegels wird hinter dem Mast nach Luv eingebeult. Es kommt keine laminare Strömung zustande; der Formwiderstand wächst beträchtlich.
2. Die bauchige Fock stört die laminare Strömung. In Lee des Großsegels treten Verwirbelungen auf.

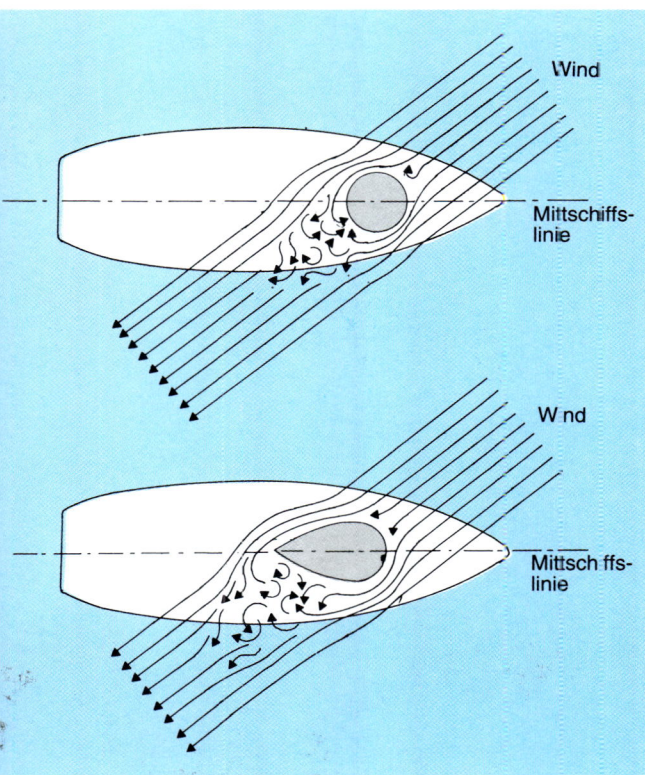

Die unerwünschte Wirbelzone, die sich hinter dem Mast bildet und zu antriebshemmender turbulenter Strömung am Segel führt, ist bei runden Masten kleiner als bei tropfenförmigen. Die Folge ist: Ein rundes Profil führt zu höherer Geschwindigkeit und mehr Höhe.

oder eine zu bauchige Fock machen diesen Effekt besonders deutlich.

Luftwiderstände an Rigg, Rumpf und Mannschaft

Der Luftwiderstand des gesamten Überwasserschiffes hemmt den Vortrieb eines Bootes. Mast, Baum, Salinge, stehendes und laufendes Gut, Rumpf und selbstverständlich auch die Mannschaft bilden die beim Segeln am Wind unerwünschten und schädlichen Widerstände. Nur auf Vormwind-Kurs ergeben die Luftwiderstände aller Überwasserteile die Kraft, die das Boot vorantreibt. Auf allen anderen Kursen wirken sich Widerstände fahrthemmend aus.

Luftwiderstand des Riggs

Die Bedeutung einer strömungsgünstigen Form aller Teile des Überwasserschiffes wird bereits deutlich, wenn man weiß, daß der Luftwiderstand eines runden Riggdrahtes etwa zehnmal größer ist, als der eines stromlinienförmigen Profils.

Der ambitionierte Segler kann die aerodynamische Leistung seiner Yacht also mit mehr oder weniger großem Aufwand verbessern, indem er den Luftwiderstand seines Riggs verringert:

● Vibrierende Wanten und ein schwingendes Vorstag vergrößern den Widerstand erheblich und müssen vermieden werden. Innenlaufende Fallen, das Hochziehen nicht benötigter Fallen in den Mast (mit einem dünnen Bändsel gesichert), innenliegende Wantenbefestigungen und sorgfältig angesetzte profilierte Salinge mögen als kostengünstige Beispiele zur Verringerung des Luftwiderstandes ausreichen.

● Die Verwendung von Profilvorstagen verringert den Widerstand gegenüber herkömmlichem Draht wesentlich. Gezogener Stahl als Wanten und Stagen (Rod-Rigg) hat gleich zwei Vorteile für die Verringerung des Luftwiderstandes: Er ist bei gleicher Bruchlast dünner und die Oberfläche ist weniger rauh. Die Umstellung bedarf aber eines hohen finanziellen Aufwands.

● Unverstagte Riggs haben den kleinsten Luftwiderstand. Der Einsatz von Dschunkenriggs oder auch surfsegelähnlichen Riggs auf modernen Dickschiffen beweist, daß man sich weiterhin Gedanken zur Reduzierung des Luftwiderstandes macht

Moderne Masten und Bäume vereinigen ein meist ausgewogenes Verhältnis von Festigkeit, Biegeverhalten, Gewicht und Luftwiderstand in sich. Daß sich nicht alle Faktoren miteinander vereinbaren lassen, erkennt man an der Zunahme der Riggschäden bei modernen Rennyachten.

Ein Segel ohne Mast erreicht die größten Vortriebswerte bei niedrigstem Widerstand: Das beweist die hohe aerodynamische Wirkung von Vorsegeln mit ungestörter Windanschnittkante. Die üblichen Mast-/Segelverbindungen wirken sich also immer negativ auf die Vortriebskraft eines Segels aus. Den besten Kompromiß stellt ein rundes Mastprofil dar. Es bietet auf

Lasersegel mit Masttasche.

Amwind- bis Raumschotkursen eine geringere Angriffsfläche als ein tropfenförmiges Profil, das durch den kursabhängig aus verschiedenen Winkeln auftreffenden scheinbaren Wind nie richtig angeströmt wird. Der Profilmast eines Hochgeschwindigkeitskatamarans ist drehbar angebracht und ermöglicht es, die negativen Einflüsse des Mastes zu minimieren.

Auf einigen Jollen (Laser) verwendet man, wie auch beim Surfen, Segel mit Masttaschen, die einen strömungsgünstigen Windverlauf garantieren.
Wegen der fehlenden Verstagung hat das Segel allerdings nur eingeschränkte Trimmöglichkeiten. Diesem Nachteil stehen geringeres Gewicht und geringerer Luftwiderstand entgegen.

Je tiefer der Körper hängt, desto weniger Luftwiderstand verursacht der Segler, da er sich in der Zone niedrigster Strömungsgeschwindigkeit des Windes aufhält. Außerdem ist der aufrichtende Hebel größer.

Die Mannschaft des 14-Footers zeigt eine gute Trapez- und Ausreitposition (oben).
Durch in Längsrichtung fluchtendes Beieinandersitzen muß versucht werden, den Luftwiderstand beim Ausreiten zu verringern (unten).

Luftwiderstand der Mannschaft

Ein Steuermann, der seine Crew zum Ausreiten auf die Kante schickt, erkauft den Gewinn an Stabilität mit einem möglichen Verlust an Geschwindigkeit durch den größeren Luftwiderstand seiner Mannschaft. Deshalb ist es notwendig, richtig zu „hängen". Man sitzt genau hintereinander, um den Luftwiderstand zu minimieren. Deutlicher noch kann der Geschwindigkeitsverlust aufgrund des zunehmenden Luftwiderstandes durch das Ausreiten im Trapez ausfallen.

Auf allen Amwind-Kursen gilt bei leichtem Wind: Der Körper darf nicht unnötig aus der Plicht herausragen.

Um dem Wind wenig Angriffsfläche zu bieten, besitzen moderne Regattayachten ein niedriges Überwasserschiff, gewölbte Decks, flache Aufbauten, eingelassene Spibäume, niedrige Scheuerleisten und Wellenbrecher und aerodynamisch günstig angeordnete Winschen und Beschläge. Fallen und Strecker laufen weitgehend unter Deck. Flache Plichten und offene Spiegel verhindern Turbulenzen der Luftströmung.

Luftwiderstand des Rumpfes

Je höher eine Yacht am Wind segelt, desto stärker wirken sich die geschwindigkeitshemmenden Widerstandskräfte aus. Dabei entstehen etwa 50 % des gesamten Luftwiderstandes einer Yacht an ihrem Rumpf (das sind etwa **20 %** aller aero- und hydrodynamisch wirksamen Widerstände). In der Praxis bedeutet das: Ein großer Teil der am Segel erzeugten Vortriebskraft wird nur dazu benötigt, den Luftwiderstand des Rumpfes zu überwinden.

Gute Yachtkonstrukteure achten deshalb besonders auf geringen Luftwiderstand des Rumpfes, der Aufbauten und des Deckslayouts.

Hydrodynamische Kräfte

Am Rumpf mit seinem Kiel oder Schwert und dem Ruder wirken Kräfte (hydrodynamischer Auftrieb), die den Yachten zu den heute üblichen geringen Abdriftwinkeln und hervorragenden Manövriereigenschaften verhelfen.

Auftrieb an Kiel/Schwert und Ruder
Am Unterwasserschiff einer Yacht haben Kiel/Schwert und Ruder eine tragflügelähnliche Form. Da Segeln auf Amwind-Kursen ohne Abdrift nicht möglich ist, sollen ausreichend große Kiele beziehungsweise Schwerter eine hydrodynamische Seitenkraft erzeugen, die der unerwünschten Abdrift entgegenwirkt und sie minimal hält:
Durch den Driftwinkel einer segelnden Yacht strömt das Wasser den Kiel oder das Schwert von Lee her an. Ähnlich den Vorgängen am Segel bewirken die Wegunterschiede, die die anströmenden Wasserteilchen an Kiel oder Schwert zurücklegen müssen, auf der Luvseite des Kiels/Schwertes eine Druck- und auf der Leeseite eine Sogwirkung (in diesem Fall sind Luv und Lee auf die Strömung bezogen).
Das Unterwasserschiff erzeugt mit seiner tragflügelähnlichen Form die **hydrodynamische Seitenkraft** und den **hydrodynamischen Widerstand**. Diese beiden Faktoren können zur **hydrodynamischen Gesamtkraft** zusammengefaßt werden, die im Lateraldruckpunkt des Rumpfes angreift.
Die hydrodynamischen Kräfte (und Widerstände) sind abhängig von der Geschwindigkeit, dem Krängungs- und dem Driftwinkel der Yacht. Die Güte eines Rumpfes wird daran gemessen, daß die notwendige hydrodynamische Seitenkraft für eine bestimmte Geschwindigkeit bei geringstem Widerstand erzeugt werden kann:
Je tiefer ein Kiel/Schwert geht und je schmaler er/es ist, desto größer wird die erwünschte hydrodynamische Seitenkraft bei minimalem Widerstand. Doch stößt man in der Praxis schnell an die Grenzen dieses Konstruktionsmerkmals: Je weiter der Angriffspunkt der Seitenkraft im Lateraldruckpunkt nach unten wandert, desto schneller krängt die Yacht bei gleichem Segeldruck aufgrund der größeren Hebelwirkung. Dieser Nachteil wirkt sich natürlich besonders negativ bei Jollen aus.
Den Zusammenhang zwischen den Überwasser- und Unterwasserkräften herzustellen, fällt nun leicht:
Physikalischen Gesetzmäßigkeiten zufolge müssen sich bei einer gradlinig gleichförmig bewegenden

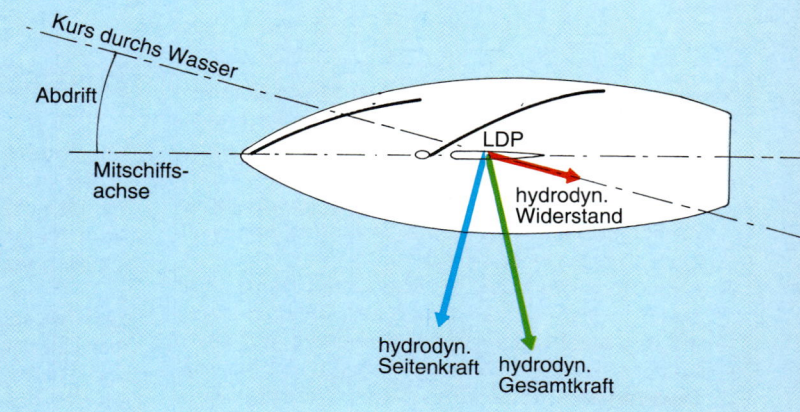

Das tragflügelähnliche Unterwasserschiff erzeugt die abdriftmindernde hydrodynamische Seitenkraft und den fahrthemmenden hydrodynamischen Widerstand. Beide Kräfte können zur hydrodynamischen Gesamtkraft zusammengefaßt werden, die im Lateraldruckpunkt angreift.

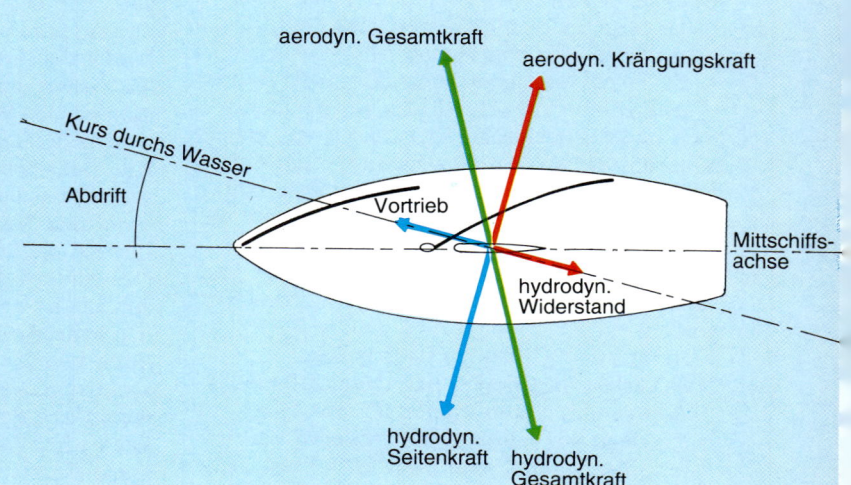

Die resultierenden aero- und hydrodynamischen Gesamtkräfte sind gleich groß und wirken entgegengesetzt. Das gilt auch für ihre einzelnen Komponenten:
Die Vortriebskraft der Segel überwindet den Widerstand des Rumpfes. Die Krängungskraft der Segel, die Abdrift und Krängung bewirkt, wird durch die hydrodynamische Seitenkraft des Unterwasserschiffes ausgeglichen.
Die Wind- und Wasserkräfte befinden sich im Gleichgewicht, das Boot segelt mit gleichmäßiger Geschwindigkeit geradeaus.

Yacht die resultierenden aero- und hydrodynamischen Kräfte gegenseitig aufheben. Dies ist nur dann möglich, wenn die gesamten Windkräfte gleich groß sind wie die gesamten Wasserkräfte, jedoch entgegengesetzt wirken.

In der Praxis bedeutet dies:
Trifft der Wind auf ein richtig angestelltes Segel, erzeugen die nun wirksam werdenden aerodynamischen Kräfte den Vortrieb und die Abdrift. Die Yacht nimmt Fahrt auf.
Während sie beschleunigt, entwickeln sich am Unterwasserschiff, hervorgerufen durch die Abdrift, hydrodynamische Kräfte. In Wechselwirkung beeinflussen

sich Segel- und Rumpfkräfte solange gegenseitig, bis zwischen den Wind- und Wasserkräften ein Gleichgewicht herrscht. Das Boot segelt nun mit konstanter Geschwindigkeit.
Der Segler, der sein Boot schneller segeln will, muß seine Yacht ständig daraufhin kontrollieren, welche Verbesserungen er an Rumpf, Rigg und Segel vornehmen kann, um die aero- und hydrodynamischen Kräfte zu erhöhen und die Widerstände zu verringern. Er muß die Segelstellung immer wieder überprüfen und den richtigen Anstellwinkel einstellen. Gelingt ihm dies, wird sich das beschriebene Gleichgewicht der Kräfte auf einem deutlich höheren Geschwindigkeitsniveau einstellen. Seine Yacht ist schneller geworden.

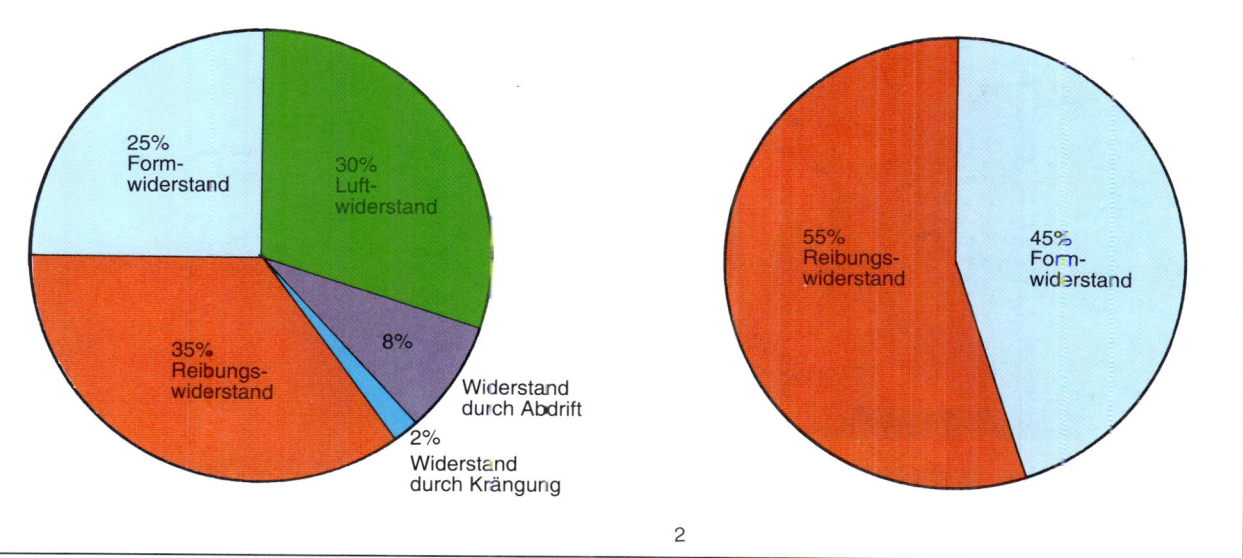

Anteil der Widerstände am Gesamtwiderstand eines segelnden Bootes·
1. am Wind, 2. vor dem Wind.

)dynamische Widerstände

er erwünschten hydrodynamischen Seiten-
en am Unterwasserschiff aber auch geschwin-
emmende Wasserwiderstände auf, die der
 gering wie möglich halten muß, wenn er die
ǝ Fahrtleistung seiner Yacht ausschöpfen will.
npf eines Bootes, der sich angetrieben vom
rch das Wasser bewegt, erzeugt Wellen und
Sie sind sichtbares Zeichen von Widerständen,
· Wasser wirksam werden. Im einzelnen entste-
chwindigkeitshemmende Widerstände durch
ı, die Reibung, die Abdrift, die Krängung und
er eines Bootes.
rodynamische Gesamtwiderstand ist abhängig
n Typ der Yacht, ihrer Geschwindigkeit und
urs.
;ezielte Maßnahmen kann der Segler die Wir-
r Wasserwiderstände herabsetzen.

)namischer Formwiderstand

o erzeugt durch seine Form immer einen Luft-

widerstand. Der Bedeutung dieses Faktors für
Geschwindigkeit, Kraftstoffverbrauch und Windgeräu-
sche tragen die neuen Karosserien Rechnung.
Der Rumpf einer segelnden Yacht erzeugt im Wasser
einen ähnlichen Widerstand, der in seiner Größe von
der Form, der Länge und Breite und der Geschwindigkeit des Bootes abhängig ist.
Dieser hydrodynamische Formwiderstand ist verantwortlich für das Wellensystem am Rumpf und für die
Wirbelbildung hinter dem Rumpf eines Bootes. Jede
Kielyacht in Verdrängerfahrt wird von ihrem selbster-
zeugten Wellensystem festgehalten. Sie kann wegen
ihres hohen Formwiderstandes nur eine bestimmte
maximale Geschwindigkeit erzielen, ihre „Rumpfgeschwindigkeit" (V_{max} = 2,5 x $\sqrt{\text{Wasserlinienlänge}}$).
Leichte, breite Yachten (insbesondere moderne Gleitjollen) können bei günstigen Bedingungen ins Gleiten
kommen. Sie heben sich kurzzeitig so weit aus dem
Wasser, daß sie ihrem Wellensystem entfliehen können
und ein Mehrfaches ihrer Rumpfgeschwindigkeit erreichen. Moderne Rennyachten werden aus diesen Gründen immer jollenähnlicher konstruiert.

25

Dieses Boot hat einen schlechten Längstrimm.

Bei modernen Rennyachten sieht man deutlich das Bestreben der Konstrukteure, die positiven Eigenschaften aus den Rümpfen der Jolle und den der herkömmlichen Kielyacht zu vereinen (links oben).

Gleitjolle in Gleitfahrt.

Der Formwiderstand einer Yacht wächst mit zunehmender Geschwindigkeit überproportional. Deshalb muß der Segler darauf achten, ihn so gering wie möglich zu halten:
- Ein tieferes Eintauchen des Rumpfes erhöht den Formwiderstand beträchtlich. Deshalb muß das Gewicht der Yacht so gering wie möglich gehalten werden.
- Der Längstrimm der Yacht muß stimmen, damit sich das Heck nicht festsaugt und ein wirbelfreier Wasserablauf stattfinden kann. Dies gilt besonders für Konstruktionen mit breitem, jollenähnlichem Heck.
- Die Form des Unterwasserschiffes eines aufrecht liegenden Bootes ist hydrodynamisch gesehen optimal.

Krängung führt zu einer asymmetrischen Profilveränderung und erhöht den Formwiderstand. Die Yacht soll also möglichst aufrecht gesegelt werden, damit der Formwiderstand klein bleibt. Bei Jollen sollte ein Krängungswinkel über 15 Grad, bei Kielyachten über 30 Grad vermieden werden.

*Bei diesem Krängungswinkel erhöht
sich der Formwiderstand dramatisch.
Die Fahrt nimmt erheblich ab.*

Hydrodynamischer Reibungswiderstand

Die Wasserteilchen, die unmittelbar an dem sich bewegenden Schiffsrumpf anliegen, werden von ihm mitgenommen und haben seine Geschwindigkeit. Durch die Reibung der Wasserteilchen untereinander wird ihre Bewegung auf entferntere Wasserteilchen übertragen. Der dabei entstehende Energieverlust wird **Reibungswiderstand** genannt. Die Schicht der Wasserteilchen, die noch vom Schiffsrumpf beeinflußt wird, heißt **Grenzschicht.** Je geringer die Ausmaße der Grenzschicht sind, desto weniger Energieverlust tritt durch den Reibungswiderstand auf.

Die Größe des fahrthemmenden Reibungswiderstandes ist hauptsächlich von der Größe der Fläche, die vom Wasser benetzt wird, aber auch von der Oberflächenbeschaffenheit des Schiffsrumpfes und der Geschwindigkeit des Bootes abhängig.

Für die Praxis des Segelns ergeben sich daraus folgende Forderungen:

– Die Oberfläche des Rumpfes muß glatt sein. Unebenheiten, hervorstehende Kanten und Schraubenköpfe oder ein unsauberer Anstrich erhöhen den Reibungswiderstand.

Ein guter Farbanstrich ist nach derzeitigem Wissensstand in der Glätte seiner Oberfläche nicht zu überbieten. Ein Polieren des Unterwasserschiffes verschafft nur einen psychologischen Vorteil. Die besten Ergebnisse erzielen die Unterwasserschiffe, deren neuer Anstrich mit feinem Schleifpapier

behandelt wurde. Damit werden alle Staubeinschlüsse entfernt, die seit dem Trocknen an der Farboberfläche haften. Besondere Beachtung verdienen dabei die vorderen Bereiche von Rumpf, Kiel/Schwert und Ruder. Die Grenzschicht ist hier noch sehr dünn und reagiert deshalb besonders stark auf Unebenheiten.

– Die benetzte Oberfläche des Rumpfes muß so klein wie möglich gehalten werden. Bei Jollen kann man, soweit der Kurs es zuläßt, das Schwert aufholen. Bei leichtem Wind trimmt man das Boot durch Gewichtsverlagerung leicht zur Seite und nach vorn. Die benetzte Fläche wird dadurch geringer.

Widerstand durch Krängung und Abdrift

Bei schwachem Wind kann eine leichte Krängung die Fahrtleistung einer Yacht erhöhen. Die Verringerung der benetzten Fläche (die Reibung nimmt ab) ist die Hauptursache für diesen Effekt. Auf der anderen Seite hebt zunehmende Krängung die symmetrische Form des Unterwasserschiffes auf. Diese Asymmetrie des stärker gekrängten Rumpfes bewirkt, daß die Umströmung des Rumpfes durch das Wasser auf zwei verschieden langen Wegen geschieht. Ähnlich den Verhältnissen an einem Segel entsteht eine resultierende Kraft, die einen Widerstand zur Fahrtrichtung bildet.

Hinzu kommt, daß der gekrängte Rumpf eine veränderte wellenbildende Form besitzt, die zur Vergrößerung des Widerstandes beiträgt. Bereits bei Krängung von 15 Grad wächst dieser Widerstand so beträchtlich an, daß die Geschwindigkeit auch bei weiterer Zunahme des Windes nur noch minimal steigt. Eine Krängung von über 30 Grad verhindert sogar, daß die Yacht ihr Geschwindigkeitspotential ausschöpfen kann. Durch Reffen der Segelfläche kann meist eine Fahrterhöhung erreicht werden.

Zunehmende Krängung bewirkt einen zweiten ungünstigen Effekt. Der Angriffspunkt der Vortriebskraft im Segel (Segeldruckpunkt) wandert aus der Mittschiffsachse nach Lee. Zwischen Segeldruckpunkt und Lateraldruckpunkt entsteht ein Hebelarm, der ein anluvendes Drehmoment erzeugt. Diese Luvgierigkeit muß durch Ruderlegen ausgeglichen werden. Die Folge ist ein Anwachsen des hydrodynamischen Widerstandes, der sich zusätzlich geschwindigkeitshemmend auswirkt.

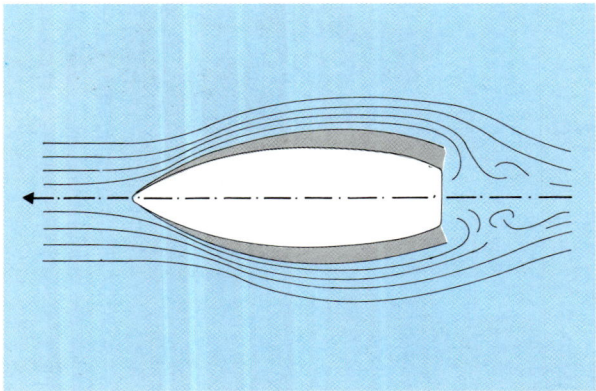

Das Ausmaß der Grenzschicht am Rumpf eines segelnden Bootes ist verantwortlich für die Größe des Reibungswiderstandes.

Parabolisch geformte Vorderkante eines Kieles.

Kurse am Wind zu fahren, ist ohne Abdrift nicht möglich. Moderne Regattayachten haben Unterwasserschiffe, die größtmöglichen Widerstand gegen die Abdrift mit kleinstem Vortriebswiderstand verbinden. Bei diesen Booten sind Abdriftwinkel von nur 3 bis 5 Grad heute guter Standard. Das Tragflügelprofil des Kiels/Schwertes erzeugt neben der erwünschten hydrodynamischen Seitenkraft auch immer einen Widerstand, denn der zur Anströmrichtung schrägstehende Kiel (Schwert) erhöht den Formwiderstand der Yacht. Zusätzlich entsteht an der Unterseite von Kiel oder Schwert eine unerwünschte Wasserströmung von der Druck- zur Sogseite, die sich an der Abrißkante des Profils in einer Wirbelschleppe fortsetzt, ähnlich den Verhältnissen am Segel.
Diese Wasserströmung bildet den **durch Abdrift induzierten Widerstand.**
Je größer die Abdrift wird, desto stärker wirkt sich der induzierte Widerstand aus, der den Formwiderstand der Yacht bei Abdriftwinkeln über 5 Grad um bis zu 50 % anwachsen lassen kann. Moderne Boote reduzieren durch ihren tiefgehenden, schmalen Kiel den induzierten Widerstand bei gleicher Unterwasserfläche beträchtlich. Hochgeschwindigkeitsyachten führen an ihrem extrem schmalen Kiel eine „Kielbombe". Diese Form minimiert den Wasseraustausch zwischen der Luv- und Leeseite des Kiels. Grundsätzlich gilt:

– Kiel bzw. Schwert wirken besser, wenn sie tief und schmal geschnitten sind, da das Verhältnis Kraftentwicklung zu Widerstand günstiger liegt.

– Ein stromlinienförmiges Profil von Kiel und Schwert weist ein günstigeres Verhältnis von Seitenkraft zu Widerstand auf als die nicht profilierten Platten von manchen Jollen oder Kielschwertyachten.

– Die Vorderkante von Kiel und Schwert sollte die Form einer Parabel haben. Das gleiche gilt für das Ruder. Die Hinterkante von Kiel, Schwert und Ruder braucht nicht messerscharf zu sein; sie kann kantig bzw. schräg angeschnitten sein, wobei die Dicke nicht mehr als 1,5 mm betragen sollte

Widerstand am Ruder

Jeder Ruderausschlag bewirkt eine Ablenkung des am Rumpf vorbeiströmenden Wassers. Die Kraft, die dabei am schräggestellten Ruder entsteht, führt zur Richtungsänderung der Yacht. Gleichzeitig bildet sich aber auch immer der **Ruderwiderstand,** der um so größer wird, je kräftiger der Ruderausschlag ist. Beim Überschreiten eines bestimmten Winkels (etwa 25 bis 35 Grad) erzielt das Ruder fast ausschließlich bremsende Wirkung. Dieser Effekt wirkt sich besonders negativ bei geringer Fahrt aus. Neben dem Ruderwiderstand entsteht am unteren Ende des Ruderblattes auch ein induzierter Widerstand, der die gleiche Ursache hat wie am Kiel und Schwert.

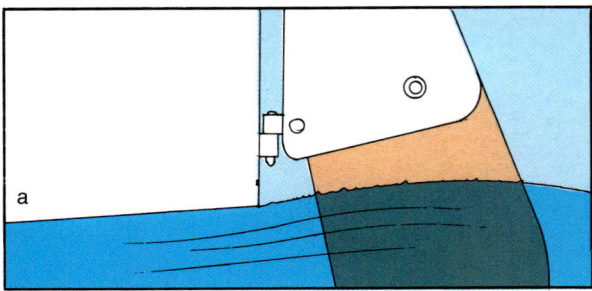

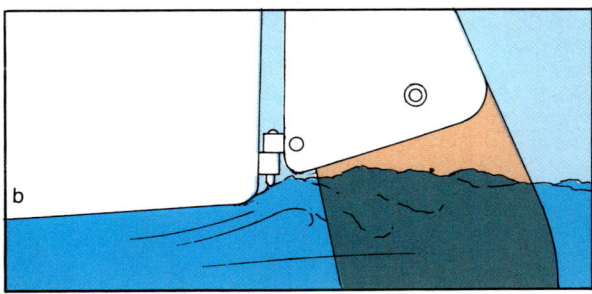

Die Abrißkante am Heck muß einen wirbelfreien Wasserabfluß ermöglichen (a). Abrundungen am Spiegel und schlechte Ruderaufhängung verursachen fahrtmindernde Wirbel (b).

Merksätze zu den hydrodynamischen Widerständen

1. Grundvoraussetzungen für ein schnelles Boot sind:
   - geringes in der Mitte zentriertes Gewicht,
   - tiefe Lage des Gewichtsschwerpunktes,
   - geringe Wasser- und Windwiderstände.
2. Nur ein steifer Bootskörper hat einen geringen Formwiderstand.
3. Das Heck muß eine scharfe Abrißkante haben, damit der Wasserablauf verwirbelungsfrei ist.
4. Bei den Kanten von Ruder und Schwert ist eine Abrißkante von etwa 2 mm Breite vorteilhaft.
5. Ruderkopf und Ruderbeschläge sollen bei normaler Schwimmlage über der Wasseroberfläche liegen.
6. Ruder und Schwert dürfen nur geringes Spiel haben, sonst nimmt der Formwiderstand beträchtlich zu.
7. Ruder und Schwert müssen in einer Flucht liegen.
8. Die Außenhaut des Rumpfes muß absolut glatt sein, um den Reibungswiderstand niedrig zu halten. Der Reibungswiderstand des Rumpfes bleibt gering, wenn der saubere Anstrich mit feinem Schleifpapier nachbehandelt wird. Besondere Aufmerksamkeit verdient der vordere Bereich von Kiel/Schwert und Ruder. Die Grenzschicht ist hier noch dünn und reagiert besonders stark auf Störungen.
9. Krängung erhöht den hydrodynamischen Widerstand. Krängungswinkel über 15 Grad führen bereits zu Geschwindigkeitsverlusten.

Wie läuft das Zusammenspiel?

Die Darstellung der geschwindigkeitsfördernden und -hemmenden Kräfte über und unter Wasser zeigt:
1. Optimale Bootsgeschwindigkeiten sind nur zu erzielen, wenn die hemmenden Faktoren so klein wie möglich und die fördernden so groß wie möglich gehalten werden.
2. Die Kräfte über Wasser und die unter Wasser wirken gegenläufig. Ein Kräftegleichgewicht herzustellen und bei den verschiedenen äußeren Bedingungen zu erhalten, ist die Aufgabe eines Seglers, der sein Boot schneller segeln will.
Die Aufgaben des Seglers sind im einzelnen:
● Finden des richtigen Anstellwinkels des Segels
● Trimmen:
– Herstellen und Erhalten der Kursstabilität
– Herstellen und Erhalten der Längsstabilität
– Herstellen und Erhalten der Querstabilität
– Beachten der Besonderheiten des Gewichtstrimms

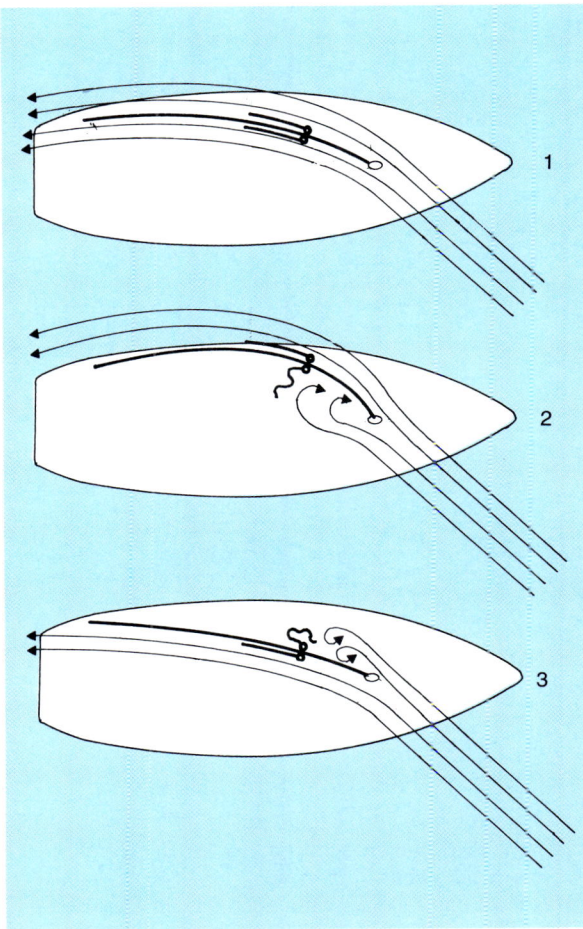

So findet man den richtigen Anstellwinkel des Segels

Der Anstellwinkel des Segels zum scheinbaren Wind bleibt immer gleich, die Anschnittkante muß in ihrer ganzen Länge mit der Richtung des scheinbaren Windes übereinstimmen. Es muß deshalb bei allen Kursänderungen auch die Segelstellung verändert werden. Um bei katgetakelten Booten den richtigen Anstellwinkel zu finden, fiert man das Segel entsprechend dem Kurs so weit auf, bis ein kleiner Gegenbauch im Mastbereich zu sehen ist. Dann wird das Segel gerade bis zum Verschwinden des Gegenbauches dichtgenommen. Bei einem slupgetakelten Boot wird erst die Fock und dann das Groß in dieser Weise eingestellt. Genauer wird die Segelstellung mit Hilfe von Windfäden kontrolliert, die in das Segel geklebt werden. Sie zeigen fortwährend den Verlauf der Strömungen an Vor- und Großsegel an.

Herstellen und Erhalten der Kursstabilität

Kursstabilität ist das Ergebnis eines guten Trimms. Sie muß auch während der Fahrt, unabhängig von der Windstärke und der jeweiligen Krängung, erhalten werden, denn die Kursstabilität hat entscheidenden Einfluß auf die Geschwindigkeit.

Da Änderungen des Grobtrimms während der Fahrt, außer auf speziellen Regattayachten, nur mit Aufwand möglich sind, tendieren die meisten Segler automatisch dazu, die Luv- oder Leegierigkeit ihrer Yacht durch Ruderlegen auszugleichen. Jeder Ruderausschlag führt jedoch zu einer Fahrtminderung und muß vermieden werden.

Die aerodynamische Gesamtkraft greift im Segeldruckpunkt (SDP), die hydrodynamische Gesamtkraft im Lateraldruckpunkt (LDP) an. Die Lage der Druckpunkte wird im geometrischen Schwerpunkt der Gesamtsegelfläche bzw. der Lateralfläche des eingetauchten Rumpfes mit seinem Kiel, Schwert und Ruder angenommen. Ein Boot segelt kursstabil, wenn die beiden Kräfte gleich groß und entgegengesetzt gerichtet sind und auf einer Wirkungslinie liegen. Verschiebt sich der SDP im Verhältnis zum LDP zu weit nach vorn, liegen die Kräfte nicht mehr auf einer Wirkungslinie. Es entsteht ein Drehmoment (d). Das Boot wird leegierig. Liegt der SDP über dem LDP oder darüber hinaus nach achtern versetzt, tritt ein Drehmoment auf, das die Yacht luvgierig werden läßt

1 Zeigen die Fäden in Lee und Luv des Segels nach hinten und liegen sie ruhig an, läuft die Yacht auf ihrem Kurs mit optimaler Segelstellung.

2 Zeigt der Luv-Faden nach oben oder nach vorn, fährt das Boot zu hoch am Wind oder, für seinen Kurs, mit zu weit gefierten Schoten. Die Strömung in Luv ist gestört, so daß sich Wirbel bilden.

3 Ein nach vorn oder oben gerichteter Lee-Faden bedeutet, daß die Yacht Höhe verschenkt oder, für ihren Kurs, mit zu dichten Schoten läuft. Die Strömung in Lee reißt ab, es bilden sich Wirbel.

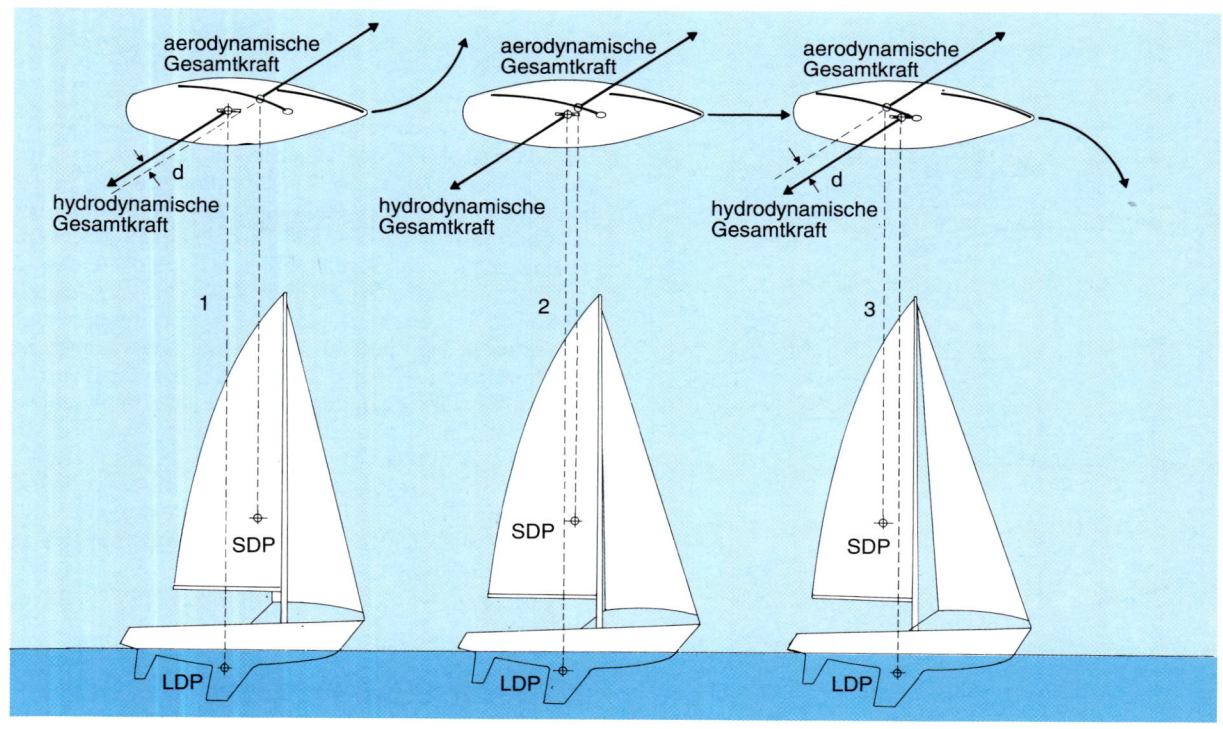

*1. Dieses Boot ist leegierig. 2. Diese
Yacht ist kursstabil. 3. Dieses Boot ist
luvgierig.*

Da der SDP auf einer segelnden Yacht immer leewärtig außerhalb der Mittschiffsebene liegt (bauchiges Segel und Krängung), darf er nicht senkrecht über dem LDP liegen, wie viele Segler fälschlich vermuten. Ein so getrimmtes Boot wäre luvgierig. Der SDP liegt deshalb, je nach Bootstyp, etwa 5 − 10 % der Wasserlinienlänge vor dem LDP.

Auf Raumschotkurs liegt der SDP durch das weit gefierte Segel weit außerhalb der Mittschiffsachse. Die aero- und hydrodynamischen Gesamtkräfte wirken auf diesem Kurs nicht mehr auf einer Linie. Es entsteht raumschots immer ein Drehmoment nach Luv, das wirkungsvoll nur durch ein Aufholen des Schwertes korrigiert werden kann. Auf Booten, die keine Veränderungen ihres Lateralplanes vornehmen können, muß diese Luvgierigkeit akzeptiert werden.

Krängt eine Yacht zu weit nach Lee, liegt der SDP weit außerhalb des Massenschwerpunktes, der sich etwa in der Schiffsmitte befindet. Der voraus gerichtete Druck der Vortriebskraft im Segel bewirkt eine Beschleunigung um die Achse des Massenschwerpunktes herum nach Luv. Je stärker die Krängung, desto kräftiger

wird die Luvgierigkeit, die in vielen Fällen auch durch kräftiges Ruderlegen nicht mehr zu korrigieren ist. Die Yacht schießt in den Wind.

Luv- oder Leegierigkeit kann auch aus falschem Trimm resultieren. Dabei spielen Wölbung und Anstellwinkel der Segel die wichtigste Rolle. Ist zum Beispiel eine Fock zu bauchig und das Großsegel zu flach getrimmt, entsteht Leegierigkeit. Der umgekehrte Effekt tritt auf, wenn das bauchig getrimmte Großsegel zu viel Kraft im Verhältnis zur flach getrimmten Fock entwikkelt. Der SDP verschiebt sich nach hinten und es entsteht Luvgierigkeit.

Die Kursstabilität kann durch alle Faktoren gestört werden, die Einfluß auf die Lage des SDP und LDP nehmen können. Dieselben Faktoren können auch bewußt herbeigeführt werden und als Trimmaßnahmen dienen, um eine gestörte Kursstabilität wieder herzustellen.

Einfluß auf die Lage des SDP haben:
− Stellung des Mastes an Deck
− Neigung oder Biegung des Mastes

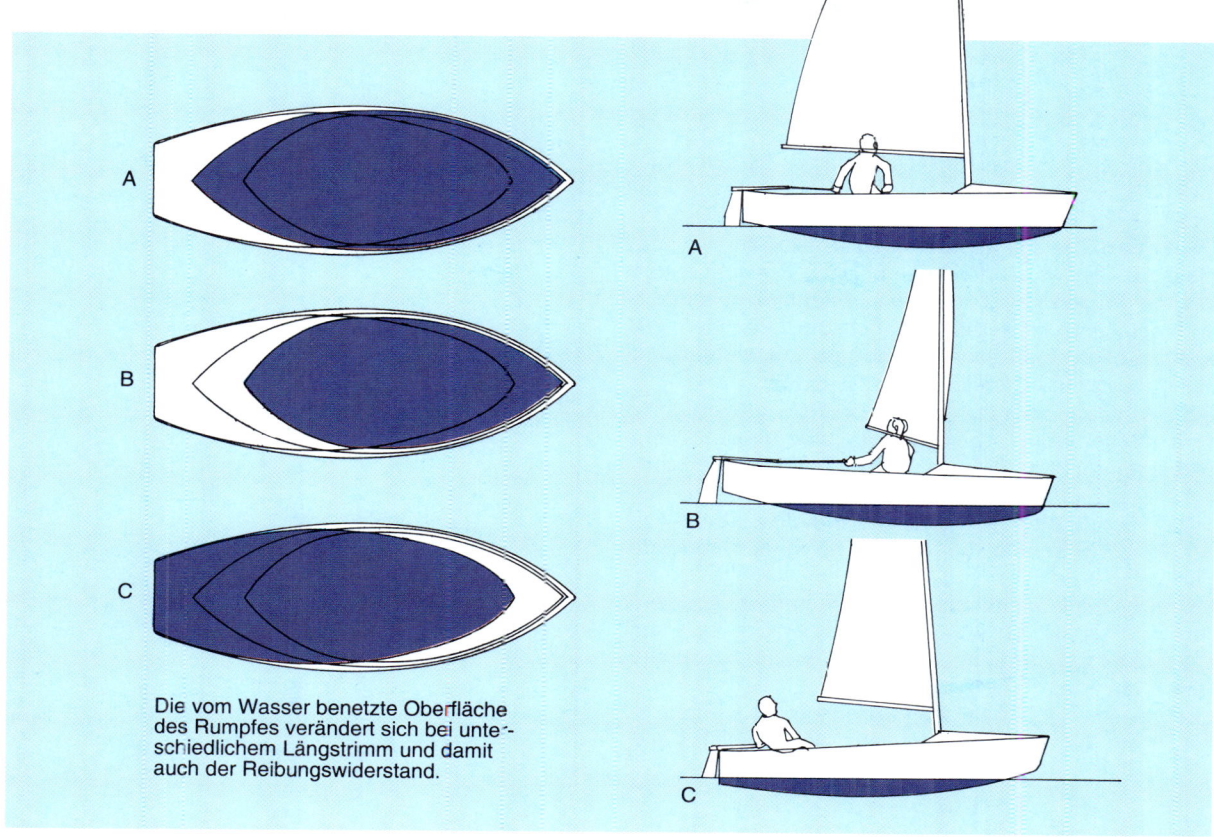

Die vom Wasser benetzte Oberfläche des Rumpfes verändert sich bei unterschiedlichem Längstrimm und damit auch der Reibungswiderstand.

- Größe der Segel (auch das Verhältnis Fock zu Großsegel)
- Wölbung und Anstellwinkel der Segel

Einfluß auf die Lage des LDP haben:
- Schwertstellung (bei Jollen)
- Beladungszustand und Lage schwerer Ausrüstungsteile
- Mannschaftsposition

Außerdem kann die Kursstabilität durch den Längs- und den Quertrimm einer Yacht gestört werden.

Herstellen und Erhalten der Längsstabilität

Die Schwimmlage in Längsrichtung, der Längstrimm, spielt für die Geschwindigkeit eine bedeutende Rolle. Obwohl die Längsstabilität wegen der Rumpfform einer Yacht sehr groß ist, kann die Vortriebskraft im Segel, die über den Mast auf den Rumpf drückt, auf bestimmten Kursen eine Veränderung des Längstrimms bewirken:

Das Vorschiff wird tiefer ins Wasser gedrückt, und der Formschwerpunkt des Rumpfes verschiebt sich zum Bug hin. Der Lateraldruckpunkt wandert nach vorn, und die Yacht wird luvgierig. Der tief eingetauchte Bug erzeugt außerdem höhere hydrodynamische Widerstände. Beide Faktoren haben einen Geschwindigkeitsverlust zur Folge.

Mit Hilfe des Längstrimms kann der Segler die Kursstabilität beeinflussen. Auf Amwind-Kurs begünstigt eine Gewichtsverlagerung nach vorn die Luvgierigkeit (das Anluven). Eine Gewichtsverlagerung nach achtern fördert die Leegierigkeit (das Abfallen), gleichzeitig taucht der Bug nicht mehr so stark ein, so daß die oben beschriebene Fahrtminderung aufgehoben wird.

Der Längstrimm hat ebenfalls Einfluß auf die Größe der vom Wasser benetzten Oberfläche des Rumpfes und damit auf den hydrodynamischen Reibungswiderstand. Bringt die Mannschaft ihr Gewicht nach vorn, verringert sich die benetzte Oberfläche. Der Reibungswiderstand nimmt ab, was besonders bei leichtem Wind geschwindigkeitsfördernd wirkt.

Auf Raumschotkursen sollte die Mannschaft ihr

33

Gewicht nach achtern verlagern, damit die aerodynamische Vortriebskraft, die über den Mast auf das Vorschiff wirkt, den Bug nicht zu tief ins Wasser drückt. Dabei darf das Achterschiff jedoch nicht zu weit eintauchen. Der Wasserablauf am Heck könnte gestört werden. Wasserwirbel verursachen dann einen starken Sog, der das Heck festhält und sich fahrthemmend auswirkt. Jollen und Kielyachten mit jollenähnlichem Heck reagieren besonders anfällig darauf.

Beim Gleiten eines Rumpfes wirken vor allem hydrodynamische Kräfte. Die schnelle Gleitfahrt ist mit Yachten möglich, die ein flaches Unterwasserschiff haben. Sie sollten so getrimmt werden, daß der Bug etwa 4 Grad höher als die Horizontale liegt. Bei weniger Neigung bremst die stark zunehmende benetzte Fläche.

Steigt die Neigung höher als 4 Grad, nimmt der „pressure drag" stark zu, was ein Gleiten erschwert. Dem Längstrimm kommt bei Gleitjollen deshalb besondere Beachtung zu.

Grundsätzlich gilt: Der Längstrimm beim Gleiten ist gut, wenn die Heckwellen so flach wie möglich sind.

Herstellen und Erhalten der Querstabilität

Die Querstabilität ist die Fähigkeit einer Yacht, sich nach einer Krängung wieder aufzurichten. Ihre Größe hängt von der Lage des Gewichts- und des Formschwerpunktes ab.

Physikalisch gesehen ist der Gewichtsschwerpunkt (G) der Punkt, in dem sich das Gewicht der Yacht vereinigen läßt. Der Formschwerpunkt (F) ist der gedachte Punkt, an dem die vereinigte Auftriebkraft angreift.

Kielyachten sind überwiegend gewichtsstabil, ihr Gewichtsschwerpunkt liegt unter dem Formschwerpunkt. Jollen sind überwiegend formstabil. Ihr Gewichtsschwerpunkt liegt über dem Formschwerpunkt.

In diesem Zusammenhang möchten wir kurz auf die Bedeutung von Kiel und Schwert eingehen. Das Schwert verringert die Abdrift und mindert die Rollbewegungen des Bootes. Da es kaum Eigengewicht besitzt, hat es kein aufrichtendes Moment. Wird das Schwert weit unten gefahren, kann das Boot kaum abtreiben – es krängt jedoch oder kentert sogar über den Seitenwiderstand, den das Schwert dem Wasser bietet.

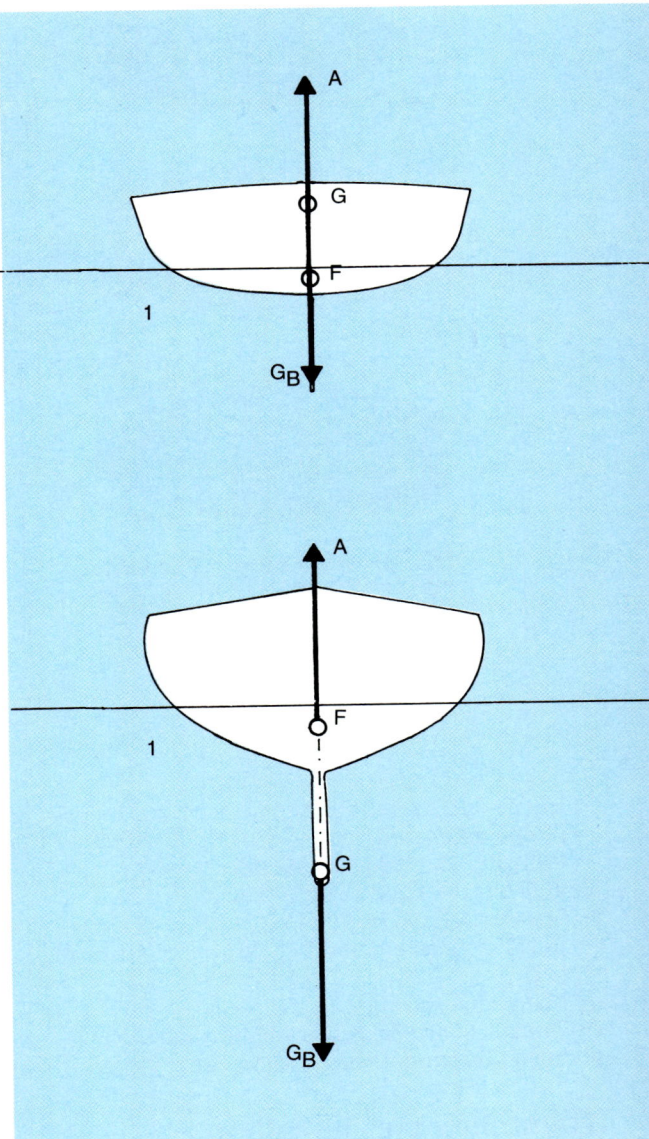

Stabilität einer Jolle: Krängt die Jolle, nimmt die Stabilität zunächst zu (Bild 1 und 2). Überschreitet die Krängung einen Winkel von 20 Grad, nimmt die Stabilität ab und geht schnell gegen Null (Bild 3 und 4).

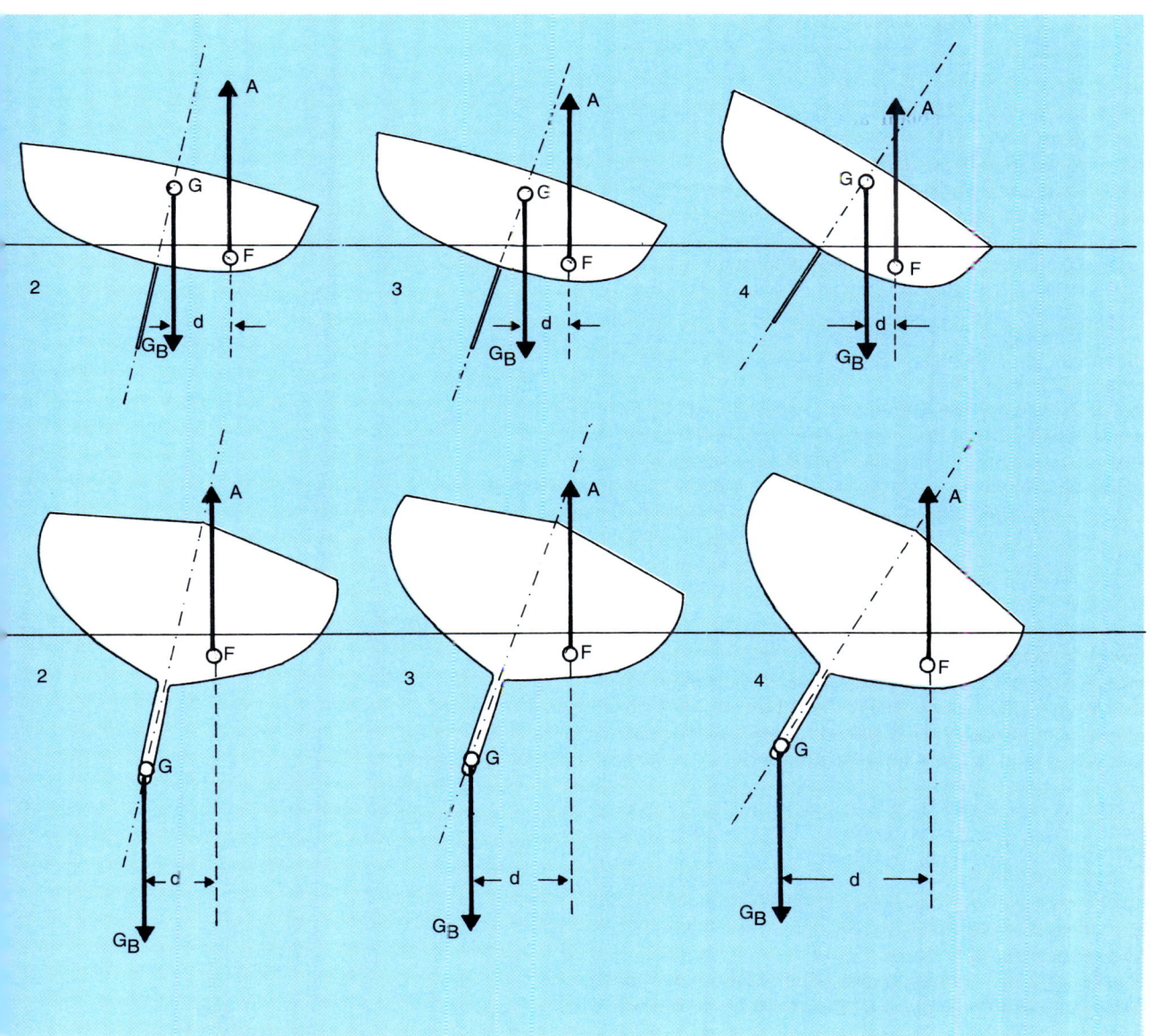

Stabilität einer Kielyacht: Mit zuneh-
mender Krängung steigt die Stabilität
(Bild 1 bis 4).

G = *Gewichtsschwerpunkt*
F = *Formschwerpunkt*
A = *Auftrieb*
G_B = *Gewicht des Bootes*

Der Kiel verringert ebenfalls die Abdrift. Er hat wegen seines hohen Gewichts zudem ein aufrichtendes Moment und ist für die Stabilität des Kielbootes von Bedeutung.

Die Lage des Gewichtsschwerpunktes hat entscheidenden Einfluß auf das Segelverhalten einer Yacht:

Die Querstabilität ist um so größer, je tiefer der Gewichtsschwerpunkt liegt. Deshalb müssen Bootsteile und Ausrüstungsgegenstände, die über der Wasseroberfläche liegen, so leicht wie möglich sein. Wo möglich, sollten sie tiefer im Boot gelagert werden.

Die Größe der Querstabilität ist abhängig von dem horizontalen Abstand zwischen G und F. Bei Kielyachten bewirkt eine Krängung, daß F nach Lee und G nach Luv wandert. Die Stabilität nimmt bei zunehmender Krängung zu.

Bei Jollen verschiebt sich F nach Lee, während G weiterhin etwa mittschiffs wirkt. Die Stabilität nimmt zunächst zu. Bereits bei 30 Grad Krängung hat die Jolle ihr maximales aufrichtendes Moment erreicht. Danach nimmt die Stabilität rapide ab, und bereits bei 60 Grad Krängung ist das aufrichtende Moment gleich Null. Durch Ausreiten muß die Mannschaft G deshalb so weit es geht nach Luv verlagern, um ein großes aufrichtendes Moment zu erzeugen.

Bei starkem Wind ist es auf Jollen zudem empfehlenswert, das Schwert etwas aufzuholen. Da die Querstabilität auch von der Höhendifferenz zwischen Segeldruckpunkt und Lateraldruckpunkt abhängt, kann ein aufgeholtes Schwert die Querstabilität erhöhen. Auf der Kreuz muß dann allerdings eine erhöhte Abdrift akzeptiert werden.

Auch auf Raumschotkursen sollte das Schwert aufgeholt werden: Die aerodynamische Gesamtkraft wirkt mehr in Fahrtrichtung, so daß die Abdrift geringer ist, und die hohe Anströmgeschwindigkeit des Schwertes auf diesem Kurs bedingt, daß eine kleinere Lateralfläche ausreicht. Zudem wird eine mögliche Luvgierigkeit ausgeglichen.

Merke: Je höher die Bootsgeschwindigkeit und je raumer der Kurs, desto weiter kann man das Schwert bei starkem Wind aufholen.

Allein durch den Gewichtstrimm (Veränderung der Druckverhältnisse am Rumpf) kann bei leichtem Wind eine Luv- oder Leegierigkeit erzeugt werden, die dem Segler Nutzen bringt.

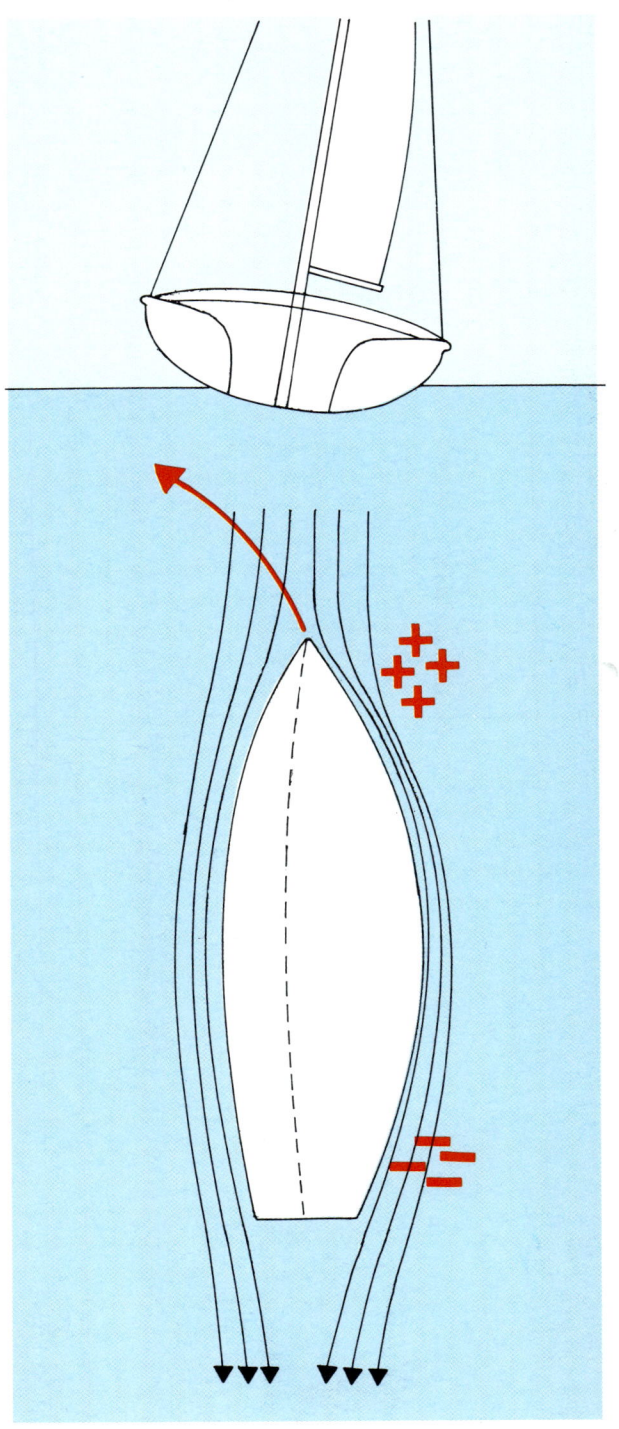

Besonderheiten
des Gewichtstrimms

Durch Gewichtstrimm kann der Segler Einfluß auf den Kurs seines Bootes nehmen. Dabei kann der Gewichtstrimm allein nicht die Luv- oder Leegierigkeit beheben, die durch einen falschen Gesamttrimm hervorgerufen wird. Er kann aber das Ruder unterstützen, und der Segler kann durch sein Gewicht kleine Trimmkorrekturen vornehmen, ohne die aufwendigeren Trimmeinrichtungen benutzen zu müssen.

Krängt man eine Yacht mit Hilfe des Mannschaftsgewichts nach einer Seite, so fährt es auf der gekrümmten Kante, die tiefer ins Wasser eintaucht, einen Kreisbogen. Eine Krängung nach Lee erzeugt eine Luvgierigkeit, eine Krängung nach Luv eine Leegierigkeit. Dieser Effekt entsteht durch die schon beschriebene asymmetrische Umströmung des Unterwasserschiffes bei Krängung.

Bei einer Krängung tritt zusätzlich eine Komponente auf, denn es wird auf der stärker eingetauchten Bugseite mehr Wasser verdrängt, die hydrodynamischen Widerstände nehmen dort zu. Eine Leekrängung bewirkt deshalb eine Luvgierigkeit.

Beide Effekte wirken fahrthemmend. Der Segler kann sie aber nutzbringend anwenden, wenn er merkt, daß seine Yacht für die augenblicklich herrschenden äußeren Bedingungen nicht ganz richtig getrimmt ist. Anstatt die Trimmeinrichtungen zu bedienen, kann er sein Gewicht als Trimmhilfe einsetzen und das Ruder unterstützen, oder er kann unter Umständen völlig auf das fahrtmindernde Ruderlegen verzichten.

Merke:
● Falsch ist es, Drehmomente mit dem Ruder auszugleichen. Das Ruder dient nicht dazu, falschen Trimm zu beheben.
● Das Ruder ist eine empfindliche Anzeige für ein schlecht getrimmtes Boot. Eine leichte Luvgierigkeit, die sich auch im Ruderdruck bemerkbar macht, ist allerdings erwünscht.
● Um bei leichten Winddrehungen anzuluven oder abzufallen, benutzt man den Quertrimm und nicht das Ruder. Eine Luvkrängung kann zum Abfallen, eine Leekrängung zum Anluven führen. Drehbewegungen des Bootes sollten mit Hilfe dieses Quertrimms eingeleitet und beendet werden. Bei stärkerem Wind unterstützt der Quertrimm die Wirkung des wenig gelegten Ruders.
● Schwingungen der Yacht in Querrichtung werden „Rollen" genannt. Sie werden durch Wellen oder böigen Wind hervorgerufen. Besonders vor dem Wind wirkt sich das Rollen negativ aus. Das Rollen kann gedämpft werden, wenn sich die Mannschaft möglichst weit aus der Schiffsmitte entfernt, also von der Drehachse weg plaziert.

Diese Mannschaft sitzt richtig. Das Gewicht ist weit von dem Drehpunkt in der Schiffsmitte entfernt und dämpft das Rollen.

Die Mannschaftsposition ist richtig. Das Boot kann wegen des geringen Trägheitsmomentes (die Segler sitzen eng beieinander) den Wellenbewegungen rhythmisch folgen.

Diese Segler sitzen falsch. Ihr Abstand vom Drehpunkt ist so gering, daß das kleine Trägheitsmoment dem Rollen nicht entgegenwirkt.

● Schwingungen in Längsrichtung, das Stampfen, wird durch Wellen erzeugt. Da die Wellen meist regelmäßig auftreten, kann das Boot dem Rhythmus leichter folgen, wenn die Mannschaft ihre Position zur Bootsmitte hin konzentriert. Sitzen die Segler zu weit auseinander, können sich die Bootsbewegungen den Wellen nicht anpassen. Die Yacht stampft sich fest.

Merksätze zum Trimmen

1. Die Kursstabilität einer Yacht kann gestört werden durch:
   - zunehmende Krängung
   - falsche Segelwölbung
     falsches Verhältnis der Segelwölbung von Groß zu Fock
   - falschen Anstellwinkel eines oder beider Segel
   - falsche Schwertstellung
   - falsche Position, Biegung und Neigung des Mastes
   - ungünstigen Längs- und Quertrimm.

   Lee- oder Luvgierigkeit ist die Folge.

2. Eine geringe Luvgierigkeit ist beim Segeln am Wind erwünscht, um das Boot besser hoch am Wind fahren zu können.

3. Jeder Ruderausschlag zum Ausgleichen einer Gierigkeit muß vermieden werden, da die Zunahme der Wasserwiderstände zu einem Geschwindigkeitsverlust führt. Führt eine Veränderung der Sitzposition nicht zu einer Besserung, muß umgetrimmt werden.

4. Alle Maßnahmen, die den Segeldruckpunkt nach vorn und den Lateraldruckpunkt nach hinten verlagern, mildern eine Luvgierigkeit oder erzeugen eine Leegierigkeit.

5. Alle Maßnahmen, die den Segeldruckpunkt nach hinten und den Lateraldruckpunkt nach vorn verlagern, mildern eine Leegierigkeit oder erzeugen eine Luvgierigkeit.

6. Jede Veränderung des Längstrimms verschiebt die Lage des Lateraldruckpunktes. Auf Raumschotkursen ist jede Yacht luvgierig. Durch Verändern der Mannschaftsposition nach achtern wird die Kursstabilität wiederhergestellt. Bei Jollen sollte zusätzlich das Schwert aufgeholt werden.

7. Auf Vormwind-Kurs wandert der Segeldruckpunkt über das gefierte Segel maximal nach außen. Eine Luvgierigkeit ist die Folge, die durch Veränderung der Lateralfläche nicht ausgeglichen werden kann, da keine Abdrift vorhanden ist. Eine leichte Krängung nach Luv verbessert das Kursverhalten.

8. Auf Amwind-Kursen kann ein leichtes Aufholen des Schwertes die Kentergefahr auf Jollen verringern. Erhöhte Abdrift ist die unerwünschte Folge.

9. Auf den Kursen von Amwind bis Raumschot muß das Segelprofil genau von vorn angeströmt werden. Daraus folgt, daß sich ein Boot bei Kursänderungen unter dem richtig angestellten Segel dreht.

10. Der richtige Anstellwinkel wird mit Hilfe von Trimmfäden im Segel kontrolliert. Liegen beide Fäden an, fährt das Boot mit optimaler Segelstellung. Zeigt der Luv-Faden nach vorn, muß man abfallen bzw. die Schoten dichter nehmen. Zeigt der Leefaden nach vorn, muß angeluvt werden oder man muß die Schoten fieren.

Der Bootstrimm

Nur die Standardisierung des Trimms und seine Wiederholbarkeit ermöglichen optimale Bootsgeschwindigkeit bei wechselnden Bedingungen. Diese Grundvoraussetzung leitet uns bei allen Überlegungen zum Trimm. Wie kommt man aber zu *seinen* Trimmwerten? Die erste Voraussetzung ist ein Revier mit möglichst konstanten Windbedingungen. Die zweite sind engagierte Sparringspartner auf einem ähnlichen Leistungsniveau. Sie müssen einerseits eine gute Bootsgeschwindigkeit fahren und andererseits ohne Vorbehalte ihre aktuellen Einstellungen preisgeben. Wenn beim Trimmen nur eine Mannschaft mauert, ist das Ganze wertlos. Sind diese Voraussetzungen erfüllt, kreuzt man in Zweier- oder Dreiergruppen, um den Trimmpartner mit dem besten Bootsspeed herauszufinden.

Das Anpassen

Beim Anpassen gibt es wichtige Regeln über die Position der Schiffe untereinander. Notwendig ist, daß alle beteiligten Boote freien Wind haben. Sie müssen aber trotzdem nah beisammen bleiben, um den Einfluß lokaler Windunterschiede zu minimieren. Der seitliche Abstand soll etwa zwei Bootslängen betragen. Das Leeboot sollte so weit vorlicher liegen, daß der Steuermann des Luvbootes gerade eben den Spiegel des nächst leewärtigen sehen kann. Das Leeboot sollte so liegen, daß es im Falle einer Wende gerade nicht vor dem Bug des luvwärtigen vorbeikäme.

Alle Boote ziehen gleichzeitig an. Das schnellste Schiff verstellt nichts mehr am Trimm. Das andere versucht, neue, bessere Einstellungen zu finden. Allerdings wird immer nur eine Veränderung zur Zeit variiert, die dann eine Weile getestet werden muß. Man kann die Trimmveränderung auch dadurch kontrollieren, daß man kurz den alten Trimm noch einmal wieder einstellt. Ist ein Boot mit den neuen Einstellungen schneller, werden die Rollen getauscht. Wichtig ist weiterhin, den Grundtrimm vorher an Land zu besprechen. Die Segelpartner können dann die Trimmveränderungen und ihre Auswirkungen besser verstehen, und beide haben mehr vom Training.

Beim Anpassen sollte in der Regel darauf verzichtet werden, mit Körpereinsatz zu segeln. Sonst ist nicht zu unterscheiden, ob die schnellere Mannschaft einfach besser segelt oder den besseren Trimm fährt. Nur bei sehr schwierigen Bedingungen, in denen eine gute Bootsgeschwindigkeit nur durch aktives Segeln erreicht werden kann, ist Körpereinsatz erwünscht. Es sollte auch immer auf optimalem Kurs an der Windkante gesegelt werden. Natürlich könnte man bei diesen kleinen Abständen immer das Luvboot abklemmen, nur ist dies nicht Sinn der Sache. Man darf zu keiner Zeit vergessen, daß man miteinander trainiert und nicht gegeneinander.

Ratsam ist es, ein Trimmbuch zu führen, in dem der jeweilige Trimm, die vorherrschenden Wind- und Wellenbedingungen und die daraus resultierende Bootsgeschwindigkeit möglichst genau festgehalten werden. Dafür müssen alle Strecker und Schoten auf einem Boot mit Markierungen und Maßbändern ausgerüstet sein, um bewährte Einstellungen schnell wiederfinden zu können. Denn das Grundproblem beim Segeln liegt ja in der situativen Vielfalt der äußeren Bedingungen, die zu ständigen Trimmveränderungen zwingt.

Es ist erforderlich, ein grundsätzliches Trimmschema im Kopf zu haben, das es einem erlaubt, bei veränderten Bedingungen schnell, ohne langes Probieren, einen neuen Trimm einzustellen. Die Bootsgeschwindigkeit ist zwar *eine* der Grundvoraussetzungen für einen Regattasieg; dennoch darf die Konzentration während der Regatta nicht darauf gerichtet sein. Der Kopf muß frei bleiben für die aktuellen Aufgaben.

Profiltiefe und Höhe am Wind

Bevor wir in die Systematik des Trimmens einsteigen, möchten wir noch etwas Grundsätzliches bemerken. Die Tiefe eines Segelprofils beeinflußt nicht nur seine Vortriebskraft, sondern auch seinen Anschnitt und damit die Höhe des kreuzenden Bootes am Wind. Je voller ein Profil ist, desto raumer muß es angeströmt werden. Es bringt aber gleichzeitig mehr Vortrieb. Daraus folgt: Liegen Bedingungen mit wenig Wasserwiderstand (also ohne Welle) vor, wählt man die bessere Höhe zum Wind. Droht der Wellenwiderstand allerdings das Boot so weit abzustoppen, daß die Abdrift zu groß wird, nimmt man einen volleren Kurs in Kauf. Dieser Nachteil wird durch den höheren Speed und die damit verbundene Verringerung der Abdrift so weit wettgemacht, daß daraus eine bessere Geschwindigkeit nach Luv resultiert.

Einteilung der Wetterbedingungen unter Trimmgesichtspunkten

Richtet man sich beim Trimmen nach absoluten Windstärken, können sich Schwierigkeiten ergeben. Bei gleichen Bedingungen kann der Trimm in unterschiedlichen Bootstypen grundverschieden sein. Diese Unterschiede ergeben sich aus dem unterschiedlichen Verhältnis der Segelfläche zum Mannschafts- und Bootsgewicht. So kann zum Beispiel der Vorschoter im Piraten oft noch in Lee sitzen, während der im Starboot schon ausreiten muß.

Der Unterlastbereich
Die Mannschaft kann das Boot mit ihrem Gewicht aufrecht halten, ohne Druck aus den Segeln herausnehmen zu müssen.
Wie im Physikteil genauer erläutert, muß das Profil eines Segels an die vorherrschenden Bedingungen angepaßt werden. Dabei sind folgende Grundregeln zu beachten: Bei **Leichtwindbedingungen** (Leesitzer, alle außer dem Steuermann sitzen in Lee) neigt die Strömung an der Leeseite eines Segels dazu, hinter dem Scheitelpunkt des Profils abzureißen und damit den Vortrieb zu vermindern. Grundsätzlich sollte man daher das Großsegel eher flach trimmen und darauf achten, daß das Achterliek möglichst offen gefahren wird. Das gleiche gilt für die Fock, die einerseits nicht zu tief sein darf und andererseits ein relativ offenes Achterliek haben sollte. Dies wird durch geringen

Beim Leichtwindtrimm wird kaum Baumniederholer gefahren. Das Groß öffnet im Achterliek, und das Achterliek ist stärker vertwistet.

Schotzug bei weit hinten stehenden Holepunkten erreicht.

Der Mittelwindbereich (Doppelsitzer, die ganze Mannschaft sitzt auf der Luvkante/oder der Vorschoter steht im Trapez)
Man unterscheidet zwei Trimmsituationen: Bei **glattem Wasser** ändert sich der Trimm im Vergleich zum Leichtwindtrimm nur wenig. Da dem Schiff nur ein geringer Wasserwiderstand entgegengesetzt wird, müssen die Segel nicht auf große Profiltiefe getrimmt werden. Vielmehr wird den größeren Kräften, die am

Bei Mittelwind wird mehr Mastfall gefahren, die Baumnock rutscht entsprechend tiefer. Durch vermehrten Baumniederholerzug schließt das Achterliek weiter.

Bei Starkwind ist auch der Mastfall am stärksten. Durch vermehrte Mastbiegung wird das Segel flach getrimmt.

Segel wirken, Rechnung getragen. Die Achterlieken der Segel werden geschlossener gefahren, und die Profiltiefe nimmt etwas zu.

Die **bremsende Welle** stellt völlig andere Anforderungen an den Trimm. Hier ist der maximale Vortrieb gegen die Welle maßgebend. Darum werden die Segel mit sehr tiefem Bauch und möglichst geschlossenem Achterliek gefahren.

Der Überlastbereich (Aufmachbedingungen, bei denen überschüssiger Druck durch das Öffnen des Großsegels „abgelassen" wird)
Nimmt der Wind weiter zu, so daß die Mannschaft nicht mehr in der Lage ist, das Boot durch ihr Gewicht gerade zu halten, wird nach und nach der Druck aus den Segeln abgelassen. Dafür gibt es keine absolute

Grenze. Der Überlastbereich fängt bei leichten Mannschaften früher an als bei schweren. Für Schiffe mit verschieden großen Vorsegeln können bei drei Windstärken für die Genua 1 schon Überlastbedingungen herrschen, während mit einer Genua 2 oder 3 noch auf Power getrimmt werden muß. Bei Aufmachbedingungen werden die Profile immer flacher getrimmt und die Schoten immer weiter gefiert. Eine Konsequenz aus den Hebelgesetzen der Physik ist, daß man mit dem Cunningham zuerst den Druck aus dem oberen Segelbereich herausnimmt, der die größte Krängungskraft erzeugt. Mit dem unteren Segelteil wird der benötigte Vortrieb erzeugt.
Insgesamt kann man also sagen, daß der Trimm im Überlastbereich dem Leichtwettertrimm sehr ähnlich ist, obwohl die äußeren Bedingungen gegensätzlicher nicht sein können.

Die Trimmeinrichtungen an einem Boot

Beim Einstellen eines Bootes unterscheidet man zwischen zwei Arten des Trimms: Die Einstellungen, die während des Segelns nicht oder nur schwer verändert werden können, werden zum **Grobtrimm** gerechnet. Die Einstellung erfolgt meist noch an Land oder am Liegeplatz. Um dabei Fehler zu vermeiden, sind genaue Kenntnisse der Bedingungen wie Wind und Welle entscheidend. Über einen Wetterbericht sollte man auch die Wetteränderungen im Tagesverlauf abzuschätzen versuchen, um sie beim Grundtrimm zu berücksichtigen.

Die Veränderungen, die schnell und problemlos, also auch für kurze Zeit vorgenommen werden, zählen zum **Feintrimm**. Er wird während des Segelns ständig variiert.

Zum Grobtrimm gehören:

Die Mastbiegung

Sie ist das entscheidende Instrument zur Beeinflussung der Profiltiefe eines Großsegels. Da die Mastbiegung, gerade bei unverstagten Riggs, sehr stark vom Biegeverhalten des Mastes abhängt, soll die Vorliekskurve des Großsegels genau zu der des Mastes passen. Will man also wirklich guten Bootsspeed erreichen, müssen beide Kurven gemessen und verglichen werden.

Zum Messen des Biegeverhaltens des Mastes legt man ihn an Topp und Fuß auf Böcke. Man markiert ihn alle 30 Zentimeter. Es wird ein dünner, möglichst reckfreier Tampen vom Topp zur unteren Großsegelmeßmarke gespannt, der Jollenmast etwa in der Mitte mit einem Gewicht von ca. 15 kg belastet und der Abstand zur Sehne gemessen. Dieses Verfahren läßt sich für die seitliche und für die Biegung in Längsrichtung anwenden.

Die **Großsegelvorliekskurve** mißt man, indem man auf dem ausgebreiteten und vom Achterliek her eingerollten Segel eine Sehne vom Großsegelkopf zum Großsegelhals legt. Das Aufrollen bewirkt, daß der Bauch aus der Mitte des Segels herausgezogen wird und die Vorliekskurve nicht verfälscht. Wieder wird an mehreren Meßpunkten (am besten an den gleichen Stellen wie am Mast) der Abstand zum Vorliek gemessen.

Es muß grundsätzlich zwischen Takelungen mit Achterstag und denen ohne unterschieden werden:
Bei Masten, die durch ein Achterstag gehalten wer-

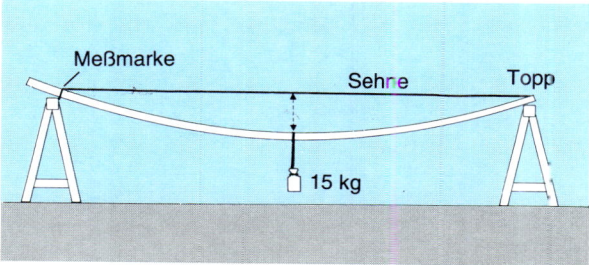

Die charakteristische Biegung kann durch Gewichtsbelastung ermittelt werden.

den, liegen die Wantenpüttings meist genau querab des Mastes. Über den Wantenzug und die Salinge wird der Mast nur seitlich gegen Verwindung geschützt. Die Mastbiegung wird über das Achterstag und gegebenenfalls über die Backstagen kontrolliert.

Bei **7/8-Riggs** mit nach hinten gepfeilten Salingen und weit achtern stehenden Püttings werden, mit hoher Wantenspannung, sowohl die Vorbiegung des Mastes als auch die Vorstagspannung eingestellt. Kommt nun über die Wanten Druck auf die Salinge, wandert der Mast nach vorne aus. Er bekommt eine positive Biegung. Das Ausmaß der Biegung kann man über die **Salingpfeilung** beeinflussen, nicht aber die Biegecharakteristik, die durch den Mast vorgegeben ist.

Je stärker die Salingnocks nach hinten stehen, desto größer wird der Druck über die Wanten und desto stärker biegt der Mast. Daran erkennt man, wie wichtig leicht zu verstellende Salinge für den Trimm sind. Auch die **Salinglänge** beeinflußt das Ausmaß der Biegung. Je länger die Salinge sind, desto stärker werden die Wanten ausgelenkt und der Mast entsprechend gebogen. Zusätzlich nimmt die seitliche Steifigkeit zu. Auf dem Wasser wird die Mastbiegung dann bei fester Salingpfeilung und -länge durch zwei Komponenten reguliert. Einerseits durch die schon erwähnte Vorstagspannung und andererseits über den **Mastfall,** also den Abstand des Masttopps von der Lotrechten. Nimmt nämlich der Mastfall zu, bewegt sich der Masttopp über die Wantenpüttings nach hinten. Dadurch wird der Druck auf die Salinge verstärkt und die Mastbiegung nimmt zu.

Der Mastfall

Seine Einstellung erfolgt bei Schiffen mit neutral ste-

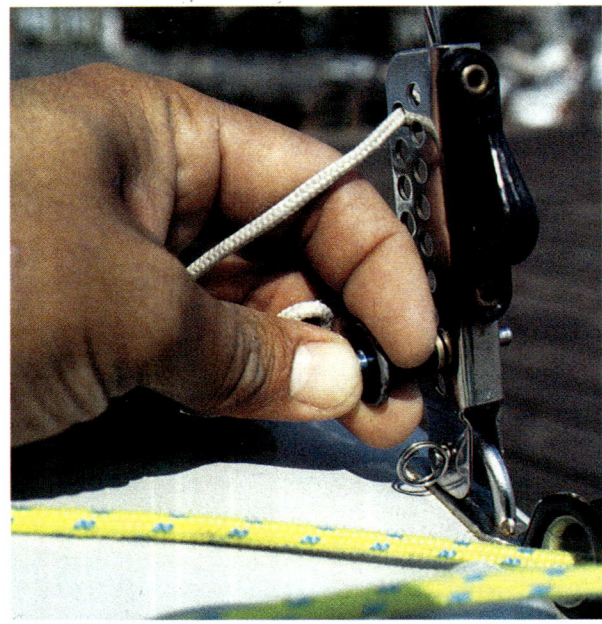

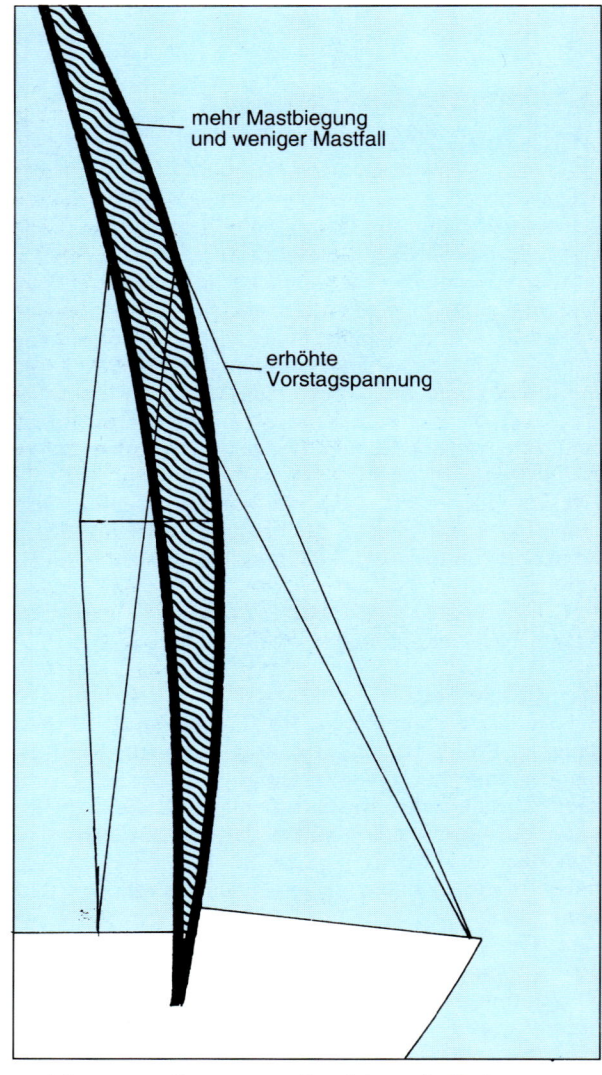

mehr Mastbiegung
und weniger Mastfall

erhöhte
Vorstagspannung

Das ist ein Wantenlocheisen mit einem Fastpin. Die Löcher sind versetzt angebracht, um die Verstellung so fein wie möglich vornehmen zu können. Um den Fastpin zu öffnen, muß man nur auf den blauen Knopf drücken. Sicherungssplinte entfallen bei diesem System.

An der schraffierten Fläche ist zu erkennen, daß mit erhöhter Vorstagspannung der Mastfall nur leicht abnimmt, die Mastbiegung aber um so stärker zunimmt.

henden Wanten, die genau auf der Höhe des Mastes stehen, über die Veränderung der Vorstaglänge, in Verbindung mit vermehrtem Zug an Achterstag und Backstagen. Beim klassischen Jollenrigg müssen, wenn der Mast in seiner Biegung gleich bleiben soll, Vorstag- und Wantenlänge immer gleichzeitig geändert werden.

Tip

Um die Wantenlänge zu variieren, stehen, je nach Bootsklasse, Lochleisten oder eingebaute Taljen an den Püttings zur Verfügung. Bei den Lochleisten ist darauf zu achten, daß möglichst kleine Lochabstände feine Abstufungen beim Trimmen ermöglichen. Um mühelos die Einstellung an den Lochleisten verändern

zu können, sollte man selbstsichernde Bolzen, sogenannte Fastpins verwenden. Viele kennen wohl das Gefühl, mit klammen und kalten Fingern die Fische mit Ringsplinten zu füttern.

Neben der Verstellung der Wantenlänge kommt der **Vorstagspannung** eine entscheidende Bedeutung für den Mastfall zu. Sie wird entweder über eine Hakenleiste oder über eine Talje eingestellt. Eine Hakenleiste macht Veränderungen des Grundtrimms auf dem Wasser unmöglich.

Zieht man aber bei feststehender Wantenlänge Spannung auf das Vorstag, wird der Mastfall verringert. Durch die gleichzeitige Verstärkung der Mastbiegung wandert der Masttopp allerdings weiter nach hinten, was die Auswirkung auf den Mastfall vermindert.

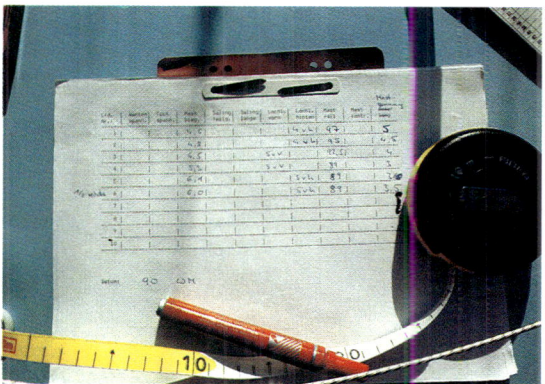

Als Maß für die Salingpeilung nimmt man den Abstand der quergelegten Topplatte zur Mastnut (oben rechts).

Auf diesem Trimmdiagramm können alle relevanten Daten eingetragen werden. Man kann auf diese Weise besser überschauen, wie sich die einzelnen Faktoren gegenseitig beeinflussen.

Um die sich gegenseitig beeinflussenden Einzelkomponenten in den Griff zu bekommen, ist es sinnvoll, ein **Trimmdiagramm** zu erstellen. Jedes Diagramm gilt für eine feste Salingpeilung. Es wird nun systematisch die Vorstagspannung und die Wantenlänge variiert. Der daraus resultierende Mastfall und die Mastbiegung werden eingetragen. Möchte man später eine Komponente verändern, kann man im Trimmdiagramm nachlesen, welche Folgen das für den gesamten Trimm hat.

Wie bekommt man die Maße für das Trimmdiagramm?

Den Mastfall mißt man am besten mit einem langen Maßband. Dafür wird es bis zum Masttopp hochgezogen und der Abstand zwischen dem Masttopp und der Oberkante des Spiegels gemessen. Eine andere Möglichkeit ist es, den Nullpunkt des Maßbandes auf die untere Meßmarke in Großbaumhöhe einzustellen und danach den Abstand zur Oberkante des Spiegels zu messen (Abb. oben links). Da die meisten Segler so messen, sind die Zahlenwerte besser vergleichbar. Genauer ist aber die erste Methode. Da dort das Maßband durch den reckfreien Draht des Großfalls gehalten wird und nicht durch das dehnbare geschlagene Tauwerk des Fallvorläufers, mißt man exakter.

Die **Mastbiegung** wird mit dem gespannten Großfall gemessen. Es wird dafür an der unteren Meßmarke an den Mast angehalten und der Abstand zwischen Großfall und Mast in Salinghöhe gemessen. Dort liegt die

45

größte Mastbiegung, und alle anderen Bereiche des Mastes biegen entsprechend. Weitere Meßstellen würden kaum zusätzliche Informationen bringen. Die **Salingpfeilung** dient dabei als Kontrollmaß. Dazu wird eine Latte auf die Salinge gelegt und gegen die Wanten geschoben. Danach mißt man den Abstand von der Hinterkante der Latte zum Mast.

Um einen in Längsrichtung geraden Mast zu erreichen, müssen beide Salinge genau gleich gepfeilt sein. Dies wird überprüft, indem man kontrolliert, ob beide Wanten, von der Seite gesehen, vom Pütting bis zur Salingnock parallel verlaufen.

Das letzte wichtige Maß ist die **Wanten-** und **Vorstagspannung.** Sie wird mit einem „Powerotto" gemessen. Dabei handelt es sich um ein recht ungenügendes Tensometer. Ungenügend, weil es die Spannung nur über die Verbiegung einer Aluplatte anzeigt. Die Maße sind also von der Metallegierung und der Materialermüdung abhängig und damit nicht übertragbar. Es gibt mittlerweile auch *Powerottos* mit einem eichbaren Newtonmeter, die sich besser eignen. Grundregel bei einem herkömmlichen Powerotto sollte also sein: Messe nur mit dem eigenen, um reproduzierbare Werte zu erhalten.

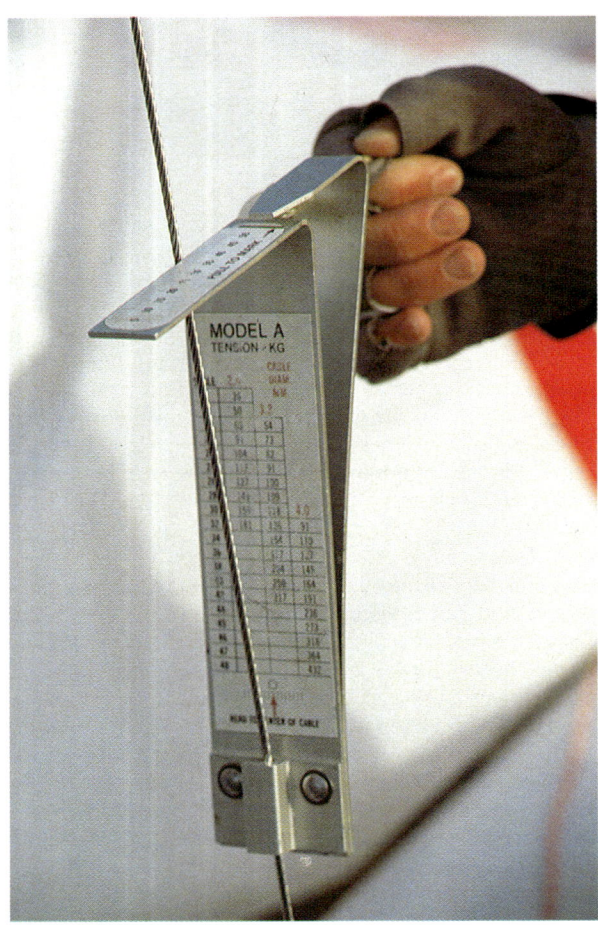

So wird die Spannung an Wanten oder Vorstag mit einem Powerotto gemessen.

Trimmeinrichtungen für den Feintrimm

Die **Fockholepunkte** ermöglichen die Veränderung des Schotzugwinkels. Sie sind dafür in Längsrichtung verstellbar angebracht. Werden die Holepunkte nach hinten gefahren, wird der Schotzugwinkel flacher. Die Schot wirkt so mehr auf das Unterliek als auf das Achterliek der Fock. Als Folge macht das Achterliek mehr auf, und die Fock wird bei gleichem Schotzug insgesamt flacher. Aus dem Verschieben der Holepunkte

nach vorn resultiert ein steilerer Schotwinkel. Daraus folgt ein stärkerer Achterliekzug. Die Fock schließt mehr und wird bauchiger.

In vielen Bootsklassen läßt sich der Holepunkt zusätzlich nach innen und außen verstellen. Um diese Trimmeinrichtung richtig nutzen zu können, muß man sich folgenden Sachverhalt vor Augen führen: Eine optimale Strömung zwischen Fock und Groß wird nur dann erreicht, wenn ein gewisser Abstand zwischen beiden beibehalten wird. Fährt man den Fockholepunkt weit innen, läßt sich die Schot nur noch wenig dichtnehmen, ohne die Fockströmung „abzuklemmen". Das ergibt ein bauchigeres Profil mit einer vollen Anströmung (klassischer Mittelwindtrimm bei bremsender Welle).

Will man aber auf Höhe segeln, sollte der Holepunkt weiter außen gefahren werden. Man ermöglicht dadurch einen stärkeren Schotzug mit ausreichendem Abstand zwischen Fockachterliek und Groß. Das Profil der Fock wird flacher und damit auch der Anschnitt. Das Ausmaß der Überlappung von Vor- und Großsegel entscheidet, wie wichtig dieser oben beschriebene Effekt für die Bootsgeschwindigkeit ist. Beim Pirat zum Beispiel, mit seiner wenig überlappenden Fock, werden die Holepunkte immer so weit wie möglich innen gefahren. Im 470er spielen diese Überlegungen eine wesentlich größere Rolle.

Lassen sich die Holepunkte, wie zum Beispiel beim FD, nicht in Längsrichtung verstellen, muß der Winkel des Schotzugs über den Mastfall eingestellt werden. Mit mehr Mastfall wird das Achterliek geöffnet, mit weniger geschlossen.

Der **Fockcunningham** hat zwei Effekte. Durch den Zug am Vorsegelhals wird der Bauch der Fock nach vorne gezogen und damit der Anschnitt der Fock voller. Das Segel muß also raumer angeströmt werden. Gleichzeitig öffnet das Achterliek, ein sehr erwünschter Effekt bei Starkwindbedingungen. Bei einer vom Segelmacher voll geschnittenen Fock ist im Unterlastbereich also Vorsicht bei der Benutzung des Cunninghams geboten. Die Fock wird sonst im vorderen

Der Fockholepunkt liegt weit innen.
Die Fock wird dadurch im unteren
Bereich bauchiger (Bild Mitte).

Liegt der Fockholepunkt weiter außen,
wird die Fock flacher und offener.

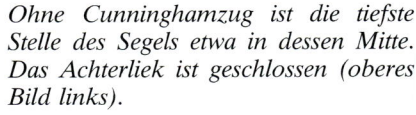

Ohne Cunninghamzug ist die tiefste Stelle des Segels etwa in dessen Mitte. Das Achterliek ist geschlossen (oberes Bild links).

Unter Cunninghamzug rutscht der Bauch nach vorne, und das Achterliek öffnet (unteres Bild links).

Das Unterliek beeinflußt das Profil des Segels bis zum Salingbereich. Hier das lose Unterliek (rechts oben).

Wird das Unterliek dicht genommen, wird das Segel flacher. Die Saling in Lee ist ein ganzes Stück weiter zu sehen.

Bereich so voll, daß man die nötige Höhe an der Kreuz nicht mehr erreicht. Anders als beim Großsegel ist es hier wichtiger, das Vorliek relativ faltenfrei zu halten, um eine ungestörte Anströmung zu gewährleisten.

Der **Großsegelcunningham** arbeitet genau wie der in der Fock. Nimmt man ihn dicht, öffnet man das Achterliek im oberen Drittel. Das Profil wird nach vorne gezogen und kommt dadurch in den Bereich der Groß-

Der Trapezdraht ist so kurz eingestellt, daß die Vorschoterin eingehakt über Deck schwebt. Die Steuerfrau sitzt möglichst weit innen und vorne.

beim Vorsegel ratsam. Beim Großsegel nimmt man die Querfalten bewußt in Kauf, um das Profil in der Mitte des Segels zu belassen.

Der **Unterliekstrecker** beeinflußt das Profil des unteren Drittels eines Großsegels. Schon kleine Veränderungen der Einstellung haben sehr große Wirkung auf den Stand des gesamten Segels. Mit ihm läßt sich die Profiltiefe und damit die Power im Segel besonders gut dosieren.

Der **Mastkontroller** oder die **Klötze** sind wichtig für die Kontrolle der Mastbiegung im unteren Drittel. Um später einen Vergleich zu haben, brauchen wir eine neutrale Stellung. Diese variiert mit der Veränderung des Mastfalls. Die Einstellung, die ohne Baumniederholer- oder Schotzug gefunden wird ist die „Nullstellung". Von da aus kann man den Mast entsprechend mehr verkeilen oder vermehrt biegen lassen. Für die Einstellung gilt: Befinden sich im unteren Drittel des Segels strahlenförmige Falten, die vom Großsegelschothorn ausgehen, ist der Mastkontroller deutlich zu lose.

Bei weicheren Masten haben die Klötze aber noch eine andere Funktion. Sie erhalten die Vorliekspannung der Fock. Ohne Klötze würde der Mast durch den Druck auf den Salingen „endlos" biegen, der Wantenansatzpunkt näherte sich dem Fockhals und das Vorliek der Fock würde durchhängen. Die Klötze verhindern das größtenteils. Daraus ergibt sich, daß man auch bei stärkstem Wind den Mastkontroller nicht völlig loswerfen darf. Steht der Mast auf Deck, kann die Funktion der Klötze durch Babywanten ersetzt werden. Sie gehen von den Püttings zum Mast in Höhe des Lümmelbeschlags und werden zum Beispiel auf Zugvögeln oder Contendern eingesetzt.

Der **Trapezdraht** übernimmt bei einer Jolle die Funktion eines Backstages. Denn steht der Vorschoter im Trapez, zieht er den Mast im Ansatzpunkt des Drahtes nach hinten, spannt damit den Fockdraht und vermindert so den Durchhang. Dies ist auch ein Grund dafür, daß sich Vorschoter bei mittleren Winden nicht auf den Tank setzen, sondern im Trapezdraht eingehängt über Deck „schweben".

Die Wirkung des **Baumniederholers** hängt vom Masttrimm ab. Wird der Baumniederholer gegen einen stark verkeilten Mast gezogen, schließt das Achterliek des Großsegels. Das Segelprofil bleibt bauchig. Bei gefiertem Mastkontroller biegt der Mast entsprechend dem Baumniederholerzug und macht das Segelprofil flach. Wird die weitere Mastbiegung durch den Kontroller verhindert, schließt wiederum das Achterliek. Bei **Starkwind** verhindert er so zu starken Twist des

segelanströmung der Fock. Durch größere Mastbiegung wird der Bauch im vorderen Bereich wieder herausgezogen und so der negative Effekt des Cunninghams vermindert. Als Grundregel für die Benutzung gilt: Der Cunningham für Groß- und Vorsegel sollte nur im Überlastbereich zur Verminderung der Krängungskraft benutzt werden. Anwendungen zur Verbesserung der Optik sind, wenn überhaupt, nur

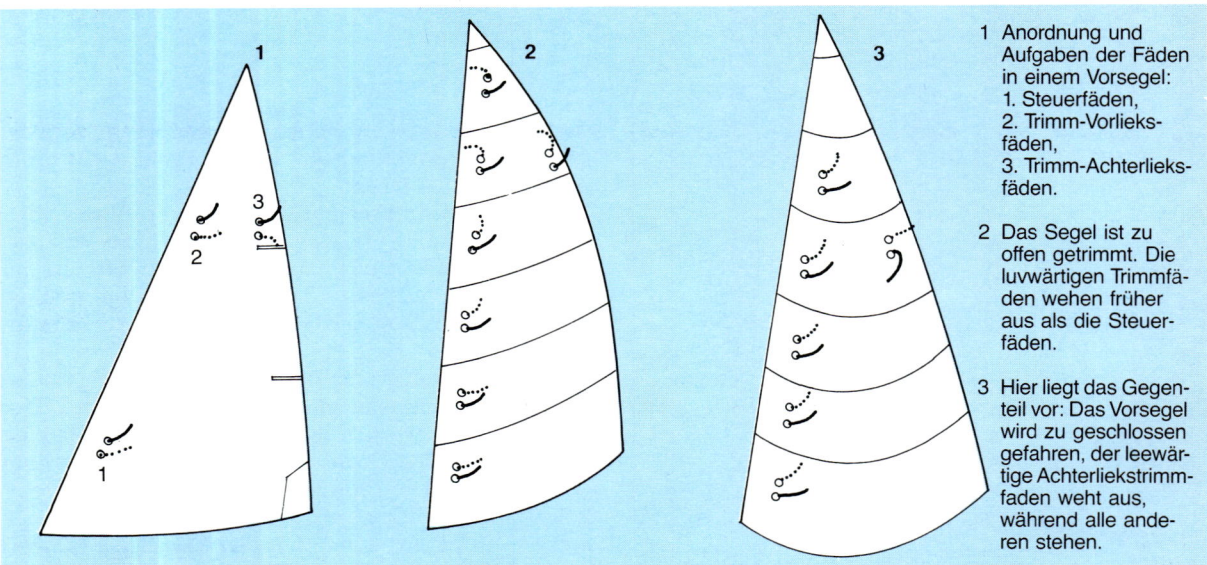

1 Anordnung und Aufgaben der Fäden in einem Vorsegel:
1. Steuerfäden,
2. Trimm-Vorlieks-fäden,
3. Trimm-Achterlieks-fäden.

2 Das Segel ist zu offen getrimmt. Die luvwärtigen Trimmfäden wehen früher aus als die Steuer-fäden.

3 Hier liegt das Gegen-teil vor: Das Vorsegel wird zu geschlossen gefahren, der leewär-tige Achterliekstrimm-faden weht aus, während alle ande-ren stehen.

Großsegels. Bei **Leichtwind** würde das Achterliek durch den Baumniederholerzug geschlossen. Damit die Leeströmung nicht abreißt, muß man die Schot loser fahren. Der Großbaum wandert insgesamt nach unten und nach Lee. Dies ist nicht erwünscht, da so der Abstand zwischen Groß und Fock verringert wird. Kontrolliert man das Achterliek des Großsegels über den Großschotzug, wird der Großbaum erst in der Mittschiffslinie nach unten gezogen. Daraus folgt, daß im Unterlastbereich der Baumniederholer nicht benutzt wird. Muß allerdings das Groß gefiert werden, kann nur der Baumniederholer das Achterliek kontrol-lieren und kommt nun zum Einsatz.

Im **Unterlastbereich** ergibt sich ein grundsätzliches Problem: Wie bekommt man den Großbaum in die Schiffsmitte, ohne das Achterliek im Bereich der Topp-latte zu schließen? Hierfür eignen sich besonders in der Höhe verstellbare Bügel oder Dreiecke. Werden sie bis auf die Höhe des Großbaums gefiert, ergibt sich ein nahezu waagerechter Zugwinkel der Großschot. Nimmt der Wind zu, wird das Dreieck dichter genom-men und der Schotzug damit vertikaler. So kann das Achterliek entsprechend kontrolliert werden. Mit ver-stellbaren Großschotbügeln gibt es sogar die Möglich-keit, bei fester Schoteinstellung die Öffnung des Ach-terlieks nur über den Bügel einzustellen.

Mit einem **Traveller** läßt sich nicht so flexibel reagie-ren: Hier müssen Großschot und Travellerwagen gleichzeitig verstellt werden, um Winkel und Höhe des Großbaums zu kontrollieren. Das führt dazu, daß der Steuermann nach jeder Wende alle Hände voll zu tun

hat und sich nicht aufs Segeln konzentrieren kann. Der Traveller kommt aber weiterhin auf katgetakelten Booten und Dickschiffen zum Einsatz, da der Baum-niederholer an der Kreuz nicht gefahren werden kann (Ausnahmen sind z. B. Laser und Contender). Auf dem Dickschiff würde beim alleinigen Baumnieder-holerzug schlicht der Großbaum brechen. Beim Finn hat der Baumniederholer einen so ungünstigen Zug-winkel, daß die effektive Kontrolle des Großsegels ver-hindert wird. Da im Finn und in der Europe der Travel-ler nie luvwärts der Mitte gefahren wird, kommt es auch nicht zu den oben beschriebenen Problemen. Der Traveller hat hier keine Nachteile gegenüber ver-stellbaren Großschotsystemen.

Die Einstellung der Schot
Zu guter Letzt fehlt noch die Einstellung durch die Schot. Sie ist im wahrsten Sinne des Wortes das Gas-pedal des Bootes. Ihre Einstellung macht im allgemei-nen besondere Probleme, da auf jede Änderung der Windstärke und damit der Mannschaftsposition im Boot mit der Schot reagiert werden muß.
Gibt es sichtbare Kriterien für die Einstellung der Schot? Zuerst sind da die **Achterlieksbändsel** im Groß-segel zu nennen. Die Schot sollte so eingestellt sein, daß sie die meiste Zeit auswehen und nur kurz hinter dem Großsegel wegklappen. Wie immer beim Segeln gibt es auch hier klassenspezifische Unterschiede, aber grob ist diese Regel anwendbar.
Zweitens kann man die **Fäden** im Vorsegel nicht nur zum Steuern benutzen, sondern sie sind auch für die

Links oben: Man sieht, daß die Genua im Achterliek sehr stark öffnet; sie bringt dadurch nicht den optimalen Vortrieb. Der Holepunkt der Genua ist weit hinten und die Schot zu lose.

Rechts oben: Hier wurde bei gleichem Schotzug der Holepunkt stark nach vorne genommen, die Genua ist sehr bauchig und geschlossen.

Man sieht eine gut getrimmte Genua, die im Achterliek mit dem Großsegel harmonisiert. Die Einstellungen von Holepunkt und Schotzug liegen zwischen den beiden obigen Beispielen.

Trimm einer slupgetakelten Gleitjolle, von oben gesehen: Sehr leichter Wind.

Leichter Mittelwind.

Mittelwind.

Einstellung der Fockschot einsetzbar. Dafür ist aber eine bestimmte Anordnung der Fäden Voraussetzung. Das Fadenpaar, nach dem gesteuert wird, befindet sich üblicherweise etwa in Augenhöhe des Steuermanns etwa 20 Zentimeter hinter dem Vorliek. Es liegt damit in einem Bereich, der durch den Trimm nur wenig beeinflußt werden kann. Zur Beurteilung des Vorsegeltrimms gibt es zwei sensible Zonen. Eine liegt im oberen Drittel des Vorlieks und die andere im Achterliek an der Grenze zwischen mittlerem und oberem Drittel. Hier werden also weitere Fadenpaare an das Segel geklebt. Die Fockschot sollte so eingestellt werden, daß alle Fadenpaare gleichzeitig auf Steuerfehler reagieren.

Wehen die Luvfäden im Achterliek und im oberen Drittel der Fock früher aus als der Steuerfaden, ist das Achterliek zu offen. Es gibt zwei Möglichkeiten zu reagieren. Entweder schließt man die Fock, indem der Schotwagen nach vorne gefahren wird, oder man nimmt die Fockschot dichter. Im ersten Fall erhalte ich den eingestellten Bauch im Segel, im anderen Fall wird das Vorsegel flacher.

Wehen umgekehrt die Leefäden früher aus, muß man entweder den Schotwagen nach hinten nehmen oder

die Schot fieren. Ist der Vorsegeltrimm erst einmal gefunden, reagiert man auf kurzfristige Änderungen der Windstärke nur noch mit der Schot.

Der Trimm bei wechselnden Bedingungen

Sehr leichter Wind

Der Vorschoter sitzt ganz in Lee. Grundsätzlich ist es vorteilhaft, bei sehr wenig Wind nicht auf Höhe, sondern auf Geschwindigkeit zu segeln. Der Fockholepunkt ist extrem weit hinten und außen; die Fock rund, aber im Achterliek offen.

Der Mast sollte nicht zu gerade sein, um ein flaches Profil zu ermöglichen. Das Unterliek ist relativ dicht, der Baumniederholer ganz lose und, falls vorhanden, der verstellbare Großschotbügel oder das Schotdreieck in der obersten Position. So kann man den Großbaum mittschiffs fahren, ohne Zug auf das Achterliek zu bringen.

Leichter Mittelwind

Der Vorschoter sitzt auf dem Schwertkasten oder liegt

Zunehmender Wind.   *Starkwind (Überlastbereich).*

seitlich auf dem Tank. Sobald er seine Leeposition verläßt, wird radikal umgetrimmt.

Die Fockholepunkte werden jetzt wesentlich weiter vorne gefahren, um das Achterliek gegen den Winddruck zu kontrollieren. Der Mast wird etwas stärker verklotzt, das Großsegelunterliek minimal gelöst und das Achterliek über den Großschotbügel nach Bedarf getrimmt.

Mittelwind

Der Vorschoter sitzt auf dem Tank oder steht im Trapez. Die Segel müssen aber noch nicht gefiert werden, um Druck abzulassen.

Der Fockholepunkt steht noch weiter vorne und innen. Daraus resultiert ein etwas bauchigeres Vorsegel.

Auch der Mast wird noch gerader gefahren, um Tiefe im Profil zu erreichen. Dadurch kommt der Vorschoter so früh wie möglich ins Trapez.

Mittelwind und bremsende Welle

Beide Segel werden auf „Fullpower" eingestellt. Die Fockholepunkte sind maximal weit innen und vorne. Der Mast ist durch Salinge und Mastkontroller auf geringste Biegung getrimmt. So kann die vom Segelmacher vorgegebene Profiltiefe voll genutzt werden. Der Großbaum bleibt weiter möglichst mittschiffs. Cunningham und Baumniederholer bleiben unbenutzt.

Der Überlastbereich

Der Vorschoter steht im Trapez und der Steuermann reitet voll aus. Trotzdem kann das Boot durch das Mannschaftsgewicht allein nicht aufrecht gehalten werden.

Mit zunehmender Windstärke stellt man die Fockholepunkte wieder nach außen/hinten. Der Fockcunningham ist stark dichtgenommen. Der Steuermann segelt zunehmend mehr auf Geschwindigkeit, indem er einige Grade abfällt. Dies gilt allerdings nur für Trapezjollen. Auf Kielschiffen und Jollen ohne Trapez wird eher Höhe gekniffen, um den Druck im Segel zu vermindern.

Der Mast wird mit zunehmendem Winddruck immer weiter fallen gelassen und der Mastkontroller gelöst. Der Baumniederholer sorgt für eine entsprechende Mastbiegung und Kontrolle des Achterlieks. Mit dem Cunningham öffnet das Achterliek des Großsegels im oberen Bereich.

Bei katgetakelten Booten müssen wesentlich tiefere Großsegelprofile gefahren werden.

Der Trimm in Einmannbooten

Unterschiede zum Zweimannboot

Der Trimm eines Einmannbootes unterscheidet sich natürlich nicht grundsätzlich von dem anderer Boote. Durch das Segeln ohne Fock ergeben sich aber Besonderheiten. So wird immer mit einem bauchigeren Großsegel gefahren als bei Booten mit Fock. Dort nämlich sind Groß- und Vorsegel als aerodynamische Einheit zu betrachten. Gemeinsam bilden sie ein wesentlich volleres Profil als jedes Segel für sich allein.

Ein weiterer Unterschied liegt in Twist und Anstellwinkel der Großsegel bei slup- und katgetakelten Schiffen. Wie schon erwähnt, fährt man ein Großsegel, das von einer Fock angeströmt wird, im unteren Bereich fast mittschiffs. Die Fock funktioniert hier wie ein Vorflügel, der den Wind in Bootsrichtung umlenkt. Oberhalb der Fock hat das Groß einen ähnlichen Anstell-

winkel wie die Fock, da es hier frei angeströmt wird. Es verwindet sich der Anschnitt mit der Höhe des Segels, und das Achterliek twistet (verdreht sich also mit der Höhe).

Auf einer Einmannjolle wird das Großsegel aber in seiner gesamten Höhe direkt angeströmt. Also muß der Anschnitt über die gesamte Masthöhe gleich sein. Daraus ergibt sich auch, daß diese Großsegel im Achterliek mit viel weniger Twist gefahren werden.

Grundsätzliches zum unverstagten Rigg

In Finn, Laser, Europe und OK ist die Biegekurve des Mastes von Wanten und Salingen unbeeinflußt, sie hängt damit völlig von der Biegecharakteristik des jeweiligen Mastes ab. An der Kreuz ist der Einsatz des Baumniederholers wegen des sehr tiefen Großbaums und der dadurch ungünstigen Hebelverhältnisse nicht möglich (einzige Ausnahme ist hier der Laser).

Die Profiltiefe wird am Wind nur mit Schot und Unter-

Das Bild (Mitte) zeigt den Lasertrimm für leichten Mittelwind. Das Profil des Segels wird optimal ausgenutzt, das Achterliek schließt entsprechend. So entsteht im Segel maximale Kraft.

Das Bild links zeigt den Lasertrimm bei Starkwind. Man kann sehen, daß der Bauch des Segels vollkommen herausgezogen worden ist. Dies hat zur Folge, daß das Achterliek sich öffnet und dadurch den Druck aus dem Segel läßt.

liekstrecker eingestellt. Dafür muß das Segel mit seiner Vorliekskurve zur Biegecharakteristik des Mastes passen, damit der Bauch beim Anziehen der Schot gleichmäßig herausgezogen wird. Als Faustregel gilt: Ein Mast paßt zum Segel, wenn die entstehenden Querfalten beim stärkeren Dichtholen gleichmäßig zur Baumnock verlaufen. Da zur Einstellung der Profiltiefe durch die Schot nur der kleine Abstand zwischen Deck und Baumnock zur Verfügung steht, wird über den Mastfall eine Voreinstellung vorgenommen. Bei einem aufrechten Mast (also viel Platz zwischen Baum und Deck) kann das Profil sehr flach getrimmt werden. Bei starkem Mastfall ist es umgekehrt.

Der Feintrimm

Der **Cunningham** hat bei allen Takelungsarten die gleiche Wirkung. Er öffnet, stark gezogen, das Achterliek

im oberen Teil des Segels und verlagert den Bauch nach vorne.

Für den Trimm des Großsegels gibt es eine Besonderheit: Mit dem Unterliek kann der Bauch des Profils nach vorne und hinten verschoben werden. Dafür liegt das Groß im Halsbereich nicht an Mast und Großbaum an. Der **Inhaul,** ein Strecker, den es nur auf katgetakelten Schiffen gibt, zieht den Hals in Richtung auf den Lümmelbeschlag. Fiert man den Unterliekstrecker **(Outhaul)** und nimmt gleichzeitig den Inhaul dicht, wandert der Bauch nach vorn und der Anschnitt wird voller. Umgekehrt zieht man den Bauch nach hinten und macht den Anschnitt flach.

Der Trimm bei verschiedenen Windstärken
Die Unterschiede zwischen Wellen- und Glattwassertrimm sind beim Einmannboot geringer, da kaum mit der Verringerung des Twists im Großsegelachterliek gearbeitet werden kann. Es wird vor allem zwischen Über- und Unterlastbereich unterschieden.

Bei Leichtwind werden tiefe Profile gefahren, aber das Achterliek entlastet, um die Strömung in Lee des Segels nicht abreißen zu lassen. Dazu wird der Traveller relativ nah an der Mittschiffslinie gefahren, um einen möglichst waagerechten Schotzug zu erzielen. Der Großbaum bleibt aber mit der Nock in Höhe der Außenkante des Spiegels.

Bei Mittelwind wird durch Fieren des Travellers und vermehrten Schotzug das Achterliek geschlossen. Es geht um maximalen Druck für den Vortrieb in der Welle, der über möglichst tiefe Profile erzeugt wird. Der Cunningham wird im gesamten Unterlastbereich nicht benutzt.

Im Überlastbereich nimmt man mit dem Cunningham zuerst den Druck aus oberen Teilen des Segels, der

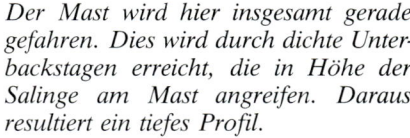

Der Mast wird hier insgesamt gerade gefahren. Dies wird durch dichte Unterbackstagen erreicht, die in Höhe der Salinge am Mast angreifen. Daraus resultiert ein tiefes Profil.

Oben rechts: Durch stärkeren Zug an den Oberbackstagen wird der Mast weiter gebogen. Das Achterliek öffnet stark, und das Profil des Segels wird flacher.

Rechts: Zusätzlicher Zug am Achterstag führt mit losen Unterbackstagen zu einem sehr stark gebogenen Mast. Das Segel wird dadurch extrem flach und offen getrimmt.

Schotzug macht bei entsprechendem Mastfall das Segel insgesamt flach. Mit dem losen Unterliek erzeugt man den nötigen Vortrieb. Mit zunehmender Windstärke wird der Traveller gefiert und die Großbaumnock unter Umständen neben dem Schiff unter Deckshöhe gezogen.

Der Trimm auf einem Dickschiff

Nachdem alle grundsätzlichen Dinge zum Trimm besprochen sind, möchten wir an dieser Stelle noch einmal die spezielle Anwendung des Genua- und Masttrimms beim Dickschiff beschreiben. Wir greifen uns dafür eine Kielyacht mit einem sehr flexiblen Mast und entsprechend aufwendiger Verstagung heraus. Kielschiffe mit einem 7/8-Rigg werden, wie im allgemeinen Trimmteil beschrieben, getrimmt. Topprigger mit entsprechend harten Mastprofilen können aufgrund ihres Materials nur einen Teil unserer Trimmanweisungen anwenden, prinzipiell gelten aber die gleichen Regeln.

Bei größeren Kielyachten stehen die Wantenpüttings genau neben dem Mast. Die Wanten halten den Mast also nur seitlich. Um den Mast in seiner Längsbiegung zu kontrollieren, wird zusätzliches stehendes Gut benötigt. Es gibt dafür Backstagen, die am Mast in Höhe des Vorstags angreifen, und Unterbackstagen, die etwa in Salinghöhe am Mast befestigt sind. Beim klassischen 7/8-Rigg mit Wantenpüttings hinter dem Mast wird die Funktion der Unterbackstagen von Unterwanten übernommen. Diese Takelung benötigt keine Backstagen, hat aber auch nicht so feine Trimmöglichkeiten für die Mastbiegung. Es bleibt nur das Achterstag für den Feintrimm während des Segelns.

Der Mast- und Großsegeltrimm

Die Mastbiegung hat den entscheidenden Einfluß auf den Stand des Großsegels und damit auf die Bootsgeschwindigkeit. Die Oberbackstagen übernehmen zwei Funktionen beim Trimmen: Einerseits kontrollieren sie den Durchhang des Vorstags, andererseits biegen sie bei starkem Zug den Mast. Wird der Mast sehr gerade gefahren, indem man die Oberbackstagen loser läßt, die Unterbackstagen aber festsetzt, wird das Großsegel sehr bauchig. Eigentlich eine gute Sache, da viel Bauch viel Vortrieb produziert, den man bei einem schweren Schiff dringend braucht. Bedenkt man aber das Zusammenspiel mit der weit überlappen-

Man erkennt einen faltigen Anschnitt der Genua, da das Genuafall lose gefahren wird. Man sieht weiterhin, daß der vordere Teil des Segels flacher wird und die Stelle des tiefsten Bauches nach hinten rutscht.

Nimmt man das Fall dichter, wird das Vorliek gestreckt. Der Bauch wandert weiter nach vorne, und der Anschnitt wird voller. Man fährt weniger Höhe.

den Genua, ergibt sich ein großer, bremsender Gegenbauch im Groß. Der kommt vor allem dann zustande, wenn zusätzlich das Großfall stark durchgesetzt wird, um ein faltenfrei stehendes Groß zu haben. Das Großfall wirkt analog zum Cunningham. Es zieht zwar die Falten aus dem Groß, aber vor allem rutscht der Bauch nach vorne in den Bereich der Anströmung durch die Genua und stört so ihren Luftabfluß. Praktisch heißt das für Bedingungen, in denen man das Schiff problemlos halten kann: Leichte Querfalten machen das Schiff wesentlich schneller.

Auch ein ganz gerader Mast wirkt sich nicht positiv auf die Bootsgeschwindigkeit aus. Der Mast sollte ungefähr der Vorliekskurve des Großsegels folgen, um seinen Stand zu verbessern. Insgesamt sollte das Großsegel nie zu bauchig sein, um den Luftabfluß aus dem Vorsegel nicht zu behindern. Der Bauch des Großsegels ist isoliert betrachtet nur von geringerer Bedeutung, da die Profiltiefe des Gesamtprofils etwa von der Mittschiffslinie bis zum Genua-Achterliek reicht.

Ist nun der Druck in den Segeln so groß, daß das Schiff zu sehr krängt und mit wachsendem Ruderdruck langsamer wird, werden das Achterstag und das obere Backstag dichter gefahren. Sie ziehen den Masttopp nach hinten und nehmen damit das Profil aus dem Großsegel heraus. Losere Unterbackstagen vergrößern die Mastbiegung weiter. Aus dem Segel wird der gesamte Bauch herausgezogen, und sein Achterliek macht auf. Es produziert, auch ohne daß man es fiert, wenig Krängung und stört trotzdem den Windabfluß aus der Genua nicht.

Der Genuatrimm

Neben den Holepunkten, die mit dem Schotzug zusammen die Gesamtprofiltiefe des Vorsegels einstellen, ist das Genuafall ein entscheidendes Trimminstrument für die Höhe auf Amwind-Kursen. Von den meisten Seglern wird propagiert, daß der Anschnitt der Genua möglichst faltenfrei sein sollte, um eine optimale Anströmung zu ermöglichen. Sie nehmen daher das Fockfall immer so dicht, daß sie im Vorliek „sauber" steht. Es wird außer acht gelassen, daß das Fockfall genau wie ein Fockcunningham wirkt. Große Fallspannung zieht den Bauch der Genua nach vorne. Der Anschnitt steht jetzt zwar ohne Falten, ist aber auch sehr voll geworden. Will man bei Leichtwind ohne Welle gute Höhe laufen, empfiehlt es sich daher, die Genua am Vorliek faltig zu fahren. Dies ergibt eine bessere Geschwindigkeit nach Luv, auch wenn die Optik etwas leidet.

Das Spinnakersegeln

Mit die schönsten Kurse beim Segeln, egal ob mit einem Regatta- oder einem Fahrtenschiff, sind die Spinnakerkurse. Es werden hohe Bootsgeschwindigkeiten erreicht, und durch die große Segelfläche reagieren die Schiffe sehr sensibel. Auf Spinnakerkursen muß sehr konzentriert gesegelt werden. Meistens fallen die Spinnaker durch Unachtsamkeit beim Trimmen der Schoten ein. Kennt man die genauen Zusammenhänge, wird es auch unter schwierigen Bedingungen möglich sein, den Spinnaker zu beherrschen.

Der Spinnaker ist im Prinzip nicht anders zu fahren als eine Fock, nur daß man das gesamte Profil des Segels mit dem Achterholer je nach Windrichtung schwenken kann. Der Achterholer bewirkt eine grobe Voreinstellung des gesamten Segels. Hierbei gilt die Regel: Der Spinnaker wird immer so weit in Luv gefahren, wie es eben möglich ist. Je weiter er mit dem Achterholer nach Luv gedreht wird, desto vorlicher wirkt die Gesamtkraft. Der Spinnaker erzeugt so mehr Vortrieb und weniger Krängung. Gerade bei viel Wind kann man so die Krängung des Schiffes spürbar verringern. Weiterhin nimmt die frei angeströmte Fläche des Spinnakers zu, was den Vortrieb weiter verbessert. Das Optimum ist erreicht, wenn die Luvkante des Spinnakers, wie das Vorliek eines Vorsegels, genau von vorne angeströmt wird. Dafür wird der Spibaum etwa im rechten Winkel zum Verklicker gefahren. Genauer ist es, sich an einem Windbändsel aus Spinnakerstoff zu orientieren. Es wird kurz über dem Spibaum am Toppnanten angebracht und befindet sich so immer im Blickfeld. Fährt man den Achterholer zu lose, nimmt die frei angeströmte Fläche des Spinnakers ab, und der Spinnaker bricht von Lee her in sich zusammen. Jetzt

hilft nur noch eine Reaktion: blitzschnelles Dichtnehmen des Achterholers, um das Segel nicht komplett einfallen zu lassen.

Die Schot bewirkt die Feineinstellung und wird so gefahren, daß das Luvliek, also die Anschnittkante des Spinnakerprofils, beginnt unruhig zu werden beziehungsweise gerade leicht einklappt. Dies ist ein sicherer Indikator für optimalen Vortrieb. Fährt man die Schot zu dicht, steht der Spinnaker zwar optisch gut, man behindert aber die Abströmung des Spinnakers und verringert seinen Vortrieb. Dreht der Wind oder verändert das Schiff seinen Kurs zum Wind, muß immer auch der Achterholer getrimmt werden. Die Feineinstellung erfolgt mit der Schot.

Die Spibaumhöhe beeinflußt den Spinnakerstand sehr stark. Die Grundregel für deren Einstellung bei Standardbedingungen lautet: Beide Schothörner sollen etwa horizontal zueinander stehen, und der Spinnaker sollte immer zuerst an seiner breitesten Stelle (der Schulter) einfallen. Fährt man den Spinnakerbaum höher als optimal, nähern sich Luvschothorn und Kopf des Spinnakers einander an. Der Spinnaker klappt sozusagen zusammen. Die Luvanschnittkante verliert ihre durchgehende Profilierung, das Spinnakerprofil wird flacher, der Stand des Spinnakers wird unruhiger, und er fällt eher ein. Dieser Effekt ist vergleichbar mit dem Öffnen des Großsegelachterlieks beim Lösen des Baumniederholers.

Fährt man den Spibaum dagegen tiefer als in optimaler Position, wird das Luvliek nach unten durchgestreckt. Die Schulter wird praktisch herausgezogen. Die Wirkung ist mit der eines Cunninghams vergleichbar. Der Bauch des Spinnakers wird zur Luvseite gezo-

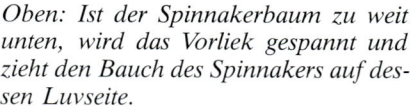

Oben: Ist der Spinnakerbaum zu weit unten, wird das Vorliek gespannt und zieht den Bauch des Spinnakers auf dessen Luvseite.

Oben rechts: Der Spibaum steht in der richtigen Höhe. Der Spinnaker beginnt am oberen Teil der Schulter einzufallen.

Rechts: Ist der Spinnakerbaum zu hoch, dreht das Luvliek in der Mitte des Spinnakers auf und steht sehr unruhig. Der Spinnaker wird in der Mitte des Luvlieks sehr breit.

gen, sein Profil wird dort tiefer und das Luvliek beginnt zuzumachen. Man kann den Spinnaker bei dieser Baumhöhe nicht mehr so weit nach Luv holen. Daraus ergeben sich mehr Krängung und weniger Vortrieb.

Eine letzte Möglichkeit, den Stand des Spinnakers zu variieren, ergibt sich aus dem Abstand zwischen Spin-

nakerkopf und Mast. Er wird durch das Spinnakerfall eingestellt. Vorm Wind ist es sinnvoll, das Kopfbrett nicht ganz an den Mast heranzuziehen. Der Spinnaker steht so freier von den Abwinden des Großsegels und erzeugt mehr Vortrieb. Auf spitzeren Kursen bringt das Fieren des Spifalls eher Nachteile.

Der Spibaum ist zu weit oben. Der Anschnitt des Spinnakers dreht im oberen Drittel auf. Das Profil bleibt nicht kontinuierlich erhalten.

Oben links: Ist der Spinnakerbaum zu tief, wird der Anschnitt sehr rund. Der Anschnitt ist daher zu geschlossen, und der Spinnaker kann mit dem Achterholer nicht weit genug nach Luv geholt werden.

Links: Steht der Spinnakerbaum richtig, verläuft der Anschnitt überall gleichmäßig. Das Segelprofil wird so optimal genutzt, und der Spinnaker erzeugt guten Vortrieb.

Besonderheiten des Spinnakersegelns bei leichtem und stärkerem Wind

Gerade bei **Leichtwind** ist es schwierig, den Spinnaker optimal zu fahren. Man spürt kaum den Zug an den Schoten, und das Boot reagiert nur sehr wenig auf die vorgenommenen Trimmveränderungen. Bei diesen Bedingungen hat die Höhe des Spibaumes einer sehr großen Einfluß auf den Stand des Spinnakers. Fährt man ihn jetzt zu hoch, das heißt mit hängendem Leeschothorn, sackt das Luvliek in sich zusammen und der Spinnaker fällt ständig ein. Wenn zu dem leichten Wind noch eine Welle hinzu kommt, kann es sinnvoll

Fährt man genau vor dem Wind, wird der Spinnaker sehr weit nach Luv gezogen. Der Spinnaker wird so laminar angeströmt und bringt mehr Vortrieb als beim reinen Antrieb durch Widerstand.

sein, den Spibaum so tief zu fahren, daß das Leeschot-horn höher als die Spibaumnock steht. Der Spi steht jetzt zwar asymmetrisch, aber dafür sehr stabil. Nimmt der Wind so weit zu, daß der Spinnaker wieder stabiler steht, sollte der Spibaum sofort höher gezogen werden, um das Luvliek etwas zu öffnen. Man kann den Spi so mehr achterholen, und das Schiff wird schneller. Bei **stärkerem Wind** neigen viele Segler dazu, den Spinnaker zu weit nach Luv zu ziehen. Das Luvliek fällt dabei ständig ein, und man kann daher die Schot nicht lose genug fahren. Das kostet im Vergleich zu einem optimal segelnden Konkurrenten viele Meter, da der Abfluß des Spinnakers zwangsläufig behindert wird. Auch bei stärkerem Wind sollte der Spibaum nicht höher gezogen werden, als das Schothorn von sich aus steigt. Man öffnet damit nur das Spinnaker-profil, was den Vortrieb vermindert.

Besonderheiten des Spinnakersegelns auf verschiedenen Kursen

Der Vormwind-Kurs

Hier wird der Spinnaker bei Leichtwind maximal nach Luv geholt. Man erreicht damit, daß er laminar ange-strömt wird und so mehr Vortrieb erzeugt als bei rei-nem Antrieb durch Widerstand. Die Gesamtkraft, die aus dem Spinnaker wirkt, ist dadurch leicht nach Luv gerichtet. Das Schiff bekommt also mit zunehmendem Winddruck Luvkrängung und wird entsprechend lee-gierig. Um den leichten Wind besser auszunutzen, fährt man den Spinnaker mit losen Schoten sehr rund.

Bei stärkerem Wind ist dies zu unsicher. Der aus der Luvkrängung resultierende Ruderdruck bremst das Schiff zusätzlich stark ab. Um Krängung und Ruder-druck zu vermeiden, fährt man den Spinnaker etwa mittig vor dem Schiff und nimmt dabei die Schoten wesentlich dichter. Der Spinnaker wird dadurch fla-cher und ruhiger.

Mit zunehmendem Wind wird das Schiff immer sensi-bler gegenüber der Stellung des Spinnakers zur Fahrt-richtung. Gibt man ihm jetzt in der Schot zu viel Lose, kann er vor dem Schiff ins Schwingen geraten. Kippt er nach Luv, ergibt das Luvkrängung, kippt er nach Lee, krängt das Boot dorthin. Zusätzlich kehrt sich ständig die Richtung der Strömung im Spinnaker um, was den ersten Effekt verstärkt. Das Schiff kann sich so sehr schnell aufschaukeln. Es beginnt zu „geigen".

Beginnt das Schiff mit Rollbewegungen, sollte man sofort etwas anluven, den Achterholer fieren und die

Schot entsprechend dichter fahren. Die im Spinnaker entstehende Kraft ist nun leicht nach Lee gerichtet, und das Schiff wird sofort wieder kursstabil. Wartet man damit zu lange, gerät das Schiff bald völlig außer Kontrolle. Die Strömung am Ruder reißt ab, und selbst Kielschiffe legen sich flach aufs Wasser. Diesen Effekt meinen Segler, wenn sie davon sprechen, daß Spigänge aus dem Gefühl gesegelt werden. Schon bei der kleinsten Ahnung, daß das Schiff zu schaukeln anfängt, wird mit Ruder und Spischoter reagiert.

Um den Spinnaker noch besser kontrollieren zu kön-nen, fährt man seine Schoten mit Barberhaulern, die die Spinnakerschoten etwa an der breitesten Stelle des Schiffs auf Deck ziehen. Die freie Länge der Schoten wird so stark verkürzt und das Schwingen des Spin-nakers noch besser verhindert.

Der Raumschotskurs

Will man mit seinem Spinnaker möglichst spitz segeln, stellt das bei stärkerem Wind sehr hohe Anforderun-gen an das Bootsgefühl der ganzen Mannschaft. Da die Segel raumschots viel Krängung erzeugen und Krängung zu Luvgierigkeit führt, ist es die Kunst, immer nur so hoch zu fahren, daß das Schiff nur mini-male Krängung macht. Droht in einer Bö die Krän-gung zuzunehmen, muß man sofort abfallen und den Spinnaker fieren, um den größeren Winddruck auf rau-men Kursen mehr in Fahrt und weniger in Krängung umzusetzen. Man steuert, je nach Winddruck, die Höhe, die gerade eben noch möglich ist. Wird die Raumschotssteuertechnik von einem Steuermann beherrscht, wird er seine Konkurrenten weit hinter sich lassen. Der Spinnaker wird dabei immer so weit wie möglich vor das Schiff geholt, um seine Gesamt-kraft möglichst weit in Fahrtrichtung wirken zu lassen.

Muß man mit dem Spinnaker eine bestimmte Höhe halten, ist es nötig, den Druck im Schiff rauszulassen. Da dies beim Spinnaker selbst unmöglich ist, beginnt man mit dem Großsegel. Es gelten fast die gleichen Regeln wie beim „Druck ablassen" an der Kreuz. Unterliek und Cunningham werden voll angezogen, um das Segel zu öffnen und den Bauch im unteren Drittel herauszunehmen. Weiterhin wird der Baumnie-derholer gefiert, um das Achterliek noch weiter zu öff-nen. Auf einer Kielyacht steht dann noch das Achter-stag zur Verfügung, um durch die Mastbiegung den letzten Rest Bauch aus dem Großsegel zu holen. Man läßt das Großsegel also mit möglichst wenig Windwi-derstand „hinterherklappern" und reduziert die Krän-gung bei stehendem Spi. Man kann so mit Spinnaker eine Höhe segeln, die mit normal stehendem Groß

Das Großsegel dreht im oberen Drittel des Achterlieks sehr stark auf. Dies ermöglicht, den überschüssigen Druck aus dem Groß zu bekommen, ohne den Luftabfluß des Spinnakers zu beeinträchtigen.

nicht zu erreichen wäre. Bemerkt man, daß das Boot trotz killendem Großsegel aus dem Ruder läuft, sollte frühzeitig der Spinnaker losgeworfen werden. Das Boot wird so viel schneller wieder manövrierfähig. Das Spinnakerfieren ist allerdings nur eine „Notbremse", wenn sonst nichts mehr geht. Ein guter Steuermann wird sie kaum benötigen.

Auf einer Jolle stehen noch weitere Trimmöglichkeiten zur Verfügung. Als erstes wird das Schwert stark hochgenommen, um die Abdrift zu erhöhen und so die Krängung abzubauen. Auf Booten wie dem 470er kann man als letztes Mittel noch fünf bis sechs Zentimeter Spannung aus dem Vorstag lassen. Der stärkere Mastfall verringert den Druck weiter. Bekommt man trotz aller Tricks nicht die nötige Höhe, muß der Spinnaker geborgen werden.

Tip für Regattasegler auf Gleitjollen

In einer Regatta, auf einem zu spitz ausgelegten ersten Raumgang, würde das Bergen des Spinnakers zu viel Zeit kosten. Es ist sinnvoller, nur das Spinnakerfall zu fieren, Spibaum und Schoten aber stehen zu lassen. Man segelt so bis zur Raumtonne und nimmt dort das Fall einfach wieder dicht, da man den Spinnaker auf dem zweiten stumpfen Raumgang wieder braucht. Der Vorschoter kann während des ganzen Raumgangs im Trapez bleiben, und man verliert kaum etwas auf seine Gegner.

Das Spinnakersetzen auf der Jolle

Um das Setzen des Spinnakers zu erleichtern, sollte er immer auf der Leeseite des Bootes liegen. Vor dem Spinnaker wird der Spibaum komplett gesetzt. Der Vorschoter kann den Spinnaker dadurch vom Moment des Setzens an voll kontrollieren. Während der Steuermann den Spinnaker hochzieht, stellt der Vorschoter die Luvschot für den spitzen Raumgang ein. Nun kann die Mannschaft auf den Raumschotkurs gehen.

Das Spisetzen mit dem Spinnaker in Luv

Es kann vorkommen, daß der Spinnaker auf dem vorhergehenden Kurs so geborgen werden mußte, daß er beim nächsten Setzen auf der Luvseite liegt. In diesem Fall kann der Spibaum erst nach dem Spinnaker gesetzt werden. Der Spinnaker steht zwangsläufig längere Zeit frei, und das Manöver ist dadurch wesentlich unsicherer.

Es kommt weiterhin darauf an, daß der Vorschoter den Spinnaker so wirft, daß er nicht in Luv in der Fock hängen bleibt. Richtig ist es, den Spinnaker nach vorne/unten zu werfen. Nur so fliegt er mit Sicherheit vorne um die Fock herum. Wirft man ihn dagegen zu sehr nach oben, landet er oft in der Fock. Das kostet viele Meter auf die Konkurrenten und bringt große Kentergefahr mit sich.

Gut ist es, wenn der Steuermann das Spinnakerfall schon vor dem Werfen einen halben Meter dicht nimmt. Im Moment des Werfens zieht er dann den Rest. Im 470er hat sich eine Untersetzung im Spinnakerfall bewährt. Der Steuermann muß dabei nur noch einen Meter im Boot ziehen, um den Spinnaker vier Meter hochzubekommen. Man erspart sich so viel Weg beim Ziehen.

Das Spinnakersetzen auf einem Dickschiff

Bei diesem Manöver wird der Spinnaker immer auf der Leeseite des Schiffes gesetzt. Ist er von einem vorhergehenden Kurs noch auf der falschen Seite, verbindet man die Schoten und das Fall und zieht sie um die Genua herum. Auf der Leeseite des kommenden Spinnakerkurses wird alles wiederum am Spinnaker angeschlagen. Es kann so während des Umpickens die ganze Mannschaft im Cockpit bleiben. Ein Crewmitglied auf dem Vorschiff würde das Boot sehr bremsen.

Während der Vorschoter in der Trapezjolle ab 4 Beaufort im Trapez steht, also den Spinnakerbaum auf der Kreuz nicht vorbereiten kann, ist dies auf größeren Schiffen möglich. Hier wird noch auf der Kreuz der Spinnakerbaum gesetzt und der Spinnaker in Lee der Genua hochgezogen. So steht der Spinnaker schon sehr kurz nach dem Passieren der Tonne, was entscheidende Meter gegenüber den Konkurrenten bringt. Sehr wichtig für das Gelingen dieses Manövers ist es, daß die Leeschot lose bleibt, bis Spinnakerfall und Achterholer ganz dicht sind. Man verhindert so, daß der Spinnaker schon beim Setzen zum Stehen kommt. In diesem Fall würde das Schiff bei starkem Wind zwangsläufig aus dem Ruder laufen. Die Genua wird dann auf dem Spinnakerkurs so schnell wie möglich geborgen. Dieses Manöver läßt sich so natürlich nur bis zu einer bestimmten Windstärke durchführen. Ab 5 Beaufort wird der Spinnaker auch auf einem Dickschiff erst nach dem Abfallen gesetzt.

Das Bild zeigt ein mißlungenes Spinnakersetzen. Anstatt den Achterholer dicht zu nehmen, wurde dies zu früh mit der Schot getan. Der Spinnaker kam zu früh zum Stehen. Fall und Achterholer endgültig durchzusetzen ist jetzt fast unmöglich.

Das Bergen des Spinnakers

Es ist zwischen dem Manöverablauf auf einer Jolle und einem Dickschiff zu unterscheiden. Wird dieses Manöver richtig beherrscht, kann viel gegenüber direkten Konkurrenten gewonnen werden.

Das Spibergen auf dem Dickschiff
Kurz vor dem Bergen des Spinnakers wird das Vorsegel wieder gesetzt. Man segelt so nie ohne ein Vorsegel und hält die Geschwindigkeit so hoch wie möglich. Nachdem auch sonst alles für die Kreuz bereit ist, wird der Achterholer gefiert. Damit kippt der Spinnaker hinter das Großsegel und fällt ein. Während man den Spi an der Schot ins Cockpit zieht, wird das Fall gleichmäßig nachgefiert. Wenn nämlich der Spinnaker während des Manövers ins Wasser fällt, wirkt er wie ein Bremsfallschirm, und man verliert wertvolle Meter. Weiterhin wichtig ist es, daß der Spinnaker während des Bergens nicht wieder zum Stehen kommt. Denn in diesem Moment würde er mit gefiertem Fall und gefierten Schoten weit neben dem Schiff stehen. Ein Sonnenschuß wäre zumindest bei mehr Wind die unweigerliche Folge.

Während des Bergens wird der Toppnant des Spibaumes gefiert. An der Leetonne ist der Spi fast völlig geborgen. Man sieht eine Besonderheit: Der Spi wird zwischen Groß und Großbaum geborgen. Es ist so leichter, den schlagenden Spinnaker zu bändigen. Leider muß dafür das Unterliek des Großsegels lose am Großbaum gefahren werden können.

Spifall und Achterholer werden gleichzeitig gefiert, um den Spinnaker einfallen zu lassen.

Der Spinnaker wird von seinem Leeschothorn aus an beiden Lieken entlang ins Cockpit gezogen. Erst das gesamte Unterliek zusammenzuholen ist falsch, da auch dabei das Risiko besteht, daß der Spinnaker erneut Wind fängt. Während des Spinnakerbergens wird der Spinnakerbaum abgeschlagen und auf Kreuzkurs angeluvt.

Das Spibergen auf Jollen
Auf Jollen ist der Manöverablauf völlig anders. Den Spinnaker in Lee, also im Windschatten des Großsegels wegzunehmen ist hier (leider) nicht möglich.

Um den Spinnaker aber in Luv wegnehmen zu können, muß vorher der Spibaum geborgen werden. Für das eigentliche Manöver ist es dabei egal, ob es sich um einen Vormwind-Kurs oder einen Raumschotskurs handelt. Da man im Manöver recht vorlich fahren muß, muß es an der Leetonne entsprechend weiter in Luv angesetzt werden, um nicht über die Tonne hinaus fahren zu müssen.

Der Manöverablauf
Die Mannschaft steht gemeinsam auf. Der Vorschoter übergibt dem Steuermann Lee- und Luvschot. Der Steuermann fährt den Spinnaker wie bei einer Vorm-

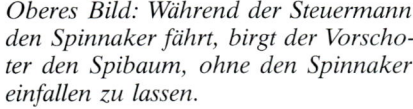

Oberes Bild: Während der Steuermann den Spinnaker fährt, birgt der Vorschoter den Spibaum, ohne den Spinnaker einfallen zu lassen.

Darunter: Zuletzt wird der Spi selbst geborgen. Hier zieht der Steuermann die Spischoten zu einem letzten „Pumper" nach hinten.

Oben rechts: Beim Bergen des Spinnakers vorm Wind wird das Unterliek zusammengeholt und das untere Drittel des Spinnakers aufgefaltet . . .

. . . und hochgeklappt. Das Gefaltete wird später in den Spisack gestopft. Es bleibt nur noch wenig nachzupacken.

wind-Halse. Der Vorschoter löst den Spibaum vom Mast. Während der Spibaum in seiner ursprünglichen Position verbleibt, wird er vom Toppnanten und der Schot gelöst. Der Spinnaker sollte unbedingt bis zuletzt stehen bleiben, um weiter Vortrieb zu erzeugen. Der Spibaum wird auf der Luvseite ins Boot gelegt. (Später, beim Setzen, liegt er dann in Lee und ist so schneller anzuschlagen.) Erst wenn alles bereit ist, wird der Spi so schnell wie möglich in den Spisack eingepackt. Dabei muß man unbedingt verhindern, die Lieken gegeneinander zu verdrehen. Denn ein verdrehter Spinnaker kostet beim Setzen unnötig Zeit.

Das Segeln in der Welle

Um das Segeln eines Bootes in der Welle verstehen zu können, sollte man sich die Wasserbewegungen beim Durchlaufen einer Welle vergegenwärtigen. Beobachtet man bei viel Wind das Wasser, so scheint es, als bewege es sich mit den Wellen nach Lee. Beobachtet man ein Kornfeld bei Wind, hat man allerdings den gleichen Eindruck. Spätestens hier bedarf es keiner Diskussion, daß es sich bei diesen Beobachtungen um eine optische Täuschung handelt. Wie beim Kornfeld die Ähren, bleiben auch die Wasserteilchen an ihrer Stelle. Allerdings werden sie auf dem Wellenkamm durch den Wind schneller beschleunigt als im Wellental. Die Wasserteilchen bewegen sich auf der Oberseite des Wellenberges mit dem Wind. Im Wellental nimmt der Windeinfluß ab, und die Strömung kehrt sich um. In jeder Welle und jedem Wellental kommt es zu entgegengesetzten Kreisbewegungen der Wasserteilchen, einer sogenannten Orbitalströmung.

Um das Steuern in der Welle verstehen zu können, muß ein weiterer Aspekt besprochen werden. Durch die Geschwindigkeitsunterschiede beim Segeln in der Welle verändert sich das Verhältnis von Fahrtwind zu wahrem Wind ständig. Fährt das Boot langsam den Wellenberg hinauf, raumt der Wind durch die Abnahme des Fahrtwindes. Segelt es mit relativ hoher Geschwindigkeit bergab, schralt der Wind entsprechend. Will man optimal in der Welle segeln, muß dies alles mit bedacht werden.

Das Kreuzen gegen die Welle

Wie erreiche ich es, bei diesen Bedingungen mein Boot möglichst schnell zu segeln? Ich fahre im Wellental einen volleren Kurs und nehme Anlauf für den Wellenberg, den ich hoch am Wind hinauffahre und damit den Raumer auf der Welle voll nutze. Dadurch, daß man auf dem Wellenberg maximale Höhe steuert, ist die Strecke mit Strom gegenan sehr kurz. Auf dem Wellenkamm fällt der Steuermann ins Tal ab und fährt dort dem Schraler entsprechend voller. Der Weg zum nächsten Wellenberg nimmt zu, und man nutzt den achterlichen Strom länger.

Nun klingt das Ganze in der Theorie sehr einfach. Wellensegeln erfordert aber die volle Konzentration der gesamten Mannschaft. Es muß viel gesegelt werden, bis die Mannschaft in der Lage ist, das Boot in der Welle automatisch schnell zu segeln und den Kopf frei hat für anderes.

Um schnell durch die Wellen zu kommen, ist es gerade bei leichteren Booten, wichtig, daß der Vorschoter das Steuern sinnvoll unterstützt. Dafür gibt es unterschiedliche Voraussetzungen von den Wind- und Wellenbedingungen her.

Bei Mittelwind und bremsender Welle

Hier ist der Vorschoter besonders wichtig. Die Welle bremst das Boot stark ab, da Wellenhöhe und antreibender Winddruck in einem sehr ungünstigen Verhältnis stehen. Die Welle ist schon so groß, daß das Boot sie nicht mehr durchschneiden kann. Es folgt mit seinen Bewegungen dem Wellenrelief. Der Vortrieb wird durch weiche Rollbewegungen des Bootes vergrößert. Die Welle wird mit leichter Leekrängung angefahren, man unterstützt damit das Anluven des Steuermanns. Oben auf dem Wellenkamm zieht der Vorschoter das Boot weich gerade. Mit der daraus entstehenden leichten Luvkrängung kann der Steuermann besser abfallen. Alle Bewegungen im Boot sind weich auszuführen, um die Strömung an den Segelprofilen nicht ur-

Während das Boot die Welle hoch segelt, nimmt der Steuermann die Groß-schot dicht und luvt an. So hält er gut die Fahrt im Boot.

Oben rechts: Der 420er fährt auf dem Wellenkamm geradeaus. Er nimmt den kürzesten und schnellsten Weg zum Wellenrücken.

Rechts: In das Wellental hinein fällt der Steuermann ab und fiert das Groß, um gegen die Wellenströmung Schwung zu nehmen.

nötig abreißen zu lassen. Eine weitere Aufgabe des Vorschoters ist es, den Bug beim Anfahren der Welle zu entlasten, damit er nicht so tief eintaucht, und hinter dem Wellenkamm zu belasten. So kippt das Boot früher ins Tal, um schneller Fahrt aufzunehmen. Nur mit Körpereinsatz ist in leichten Booten schnelles Segeln in der Welle möglich.

Bei starkem Wind

Bei starkem Wind mit entsprechend hoher Welle ist die Arbeit der Crew nicht von so entscheidender Bedeutung. Bei diesen Bedingungen kommt es darauf an, das Boot absolut gerade zu halten. Die Wellen werden bei Starkwind üblicherweise länger und bremsen das Boot relativ weniger ab. Wichtig ist es, das Mann-

Da die Mannschaft weiter auseinander steht, ist die Massenträgheit wesentlich höher. Das Boot fährt so getrimmt bei leichter Plätscherwelle viel ruhiger.

Die Mannschaft rückt eng am Drehpunkt des Bootes zusammen. So werden Bug und Heck entlastet, und das Boot dreht in der Welle leichter um seine Querachse, seine Massenträgheit ist gering.

schaftsgewicht in der Bootsmitte zu zentrieren, um Bug und Heck möglichst zu entlasten und so die Bootsträgheit beim Segeln in der Welle zu minimieren.

Das Segeln raumschots und vorm Wind mit der Welle

Kommt die Welle von achterlicher als querab, bildet sie zusätzlichen Antrieb für das Boot. Es gelten die gleichen physikalischen Grundregeln wie beim Segeln gegen die Welle, nur mit umgekehrten Vorzeichen. Auf dem Wellenkamm bewegen sich die Wasserteilchen diesmal in Fahrtrichtung, im Wellental dagegen. Es ist klar, daß die höchsten Geschwindigkeiten beim Hinabfahren vom Wellenrücken zustandekommen, da jetzt das Boot zusätzlich durch die Erdanziehungskraft beschleunigt wird.

Die Praxis des Wellesegelns raumschots
Ziel ist es, das Boot möglichst die gesamte Raum-

Um das Boot mit dem Bug über den Wellenkamm herunterzudrücken, verlagert der Vorschoter sein Gewicht auf das vordere Bein und schiebt die Schulter nach vorne.

strecke auf einem leewärtigen Wellenhang zu halten. Um das Boot auf eine Welle zu setzen, luvt man etwas an, um zu beschleunigen. Hebt eine Welle das Heck des Bootes an, fällt man auf sie ab. Nachdem das Boot die Geschwindigkeit der Welle erreicht hat, hält man es durch Anluven und Abfallen auf dem Wellenhang. Es muß so lange wie möglich verhindert werden, in die nächste Welle hineinzufahren. Man steuert das Boot also in Schlangenlinien auf dem Wellenhang, immer zwischen dem Wellenkamm und der nächsten Welle. Auf kleineren Booten ist es zusätzlich sinnvoll, zum Einleiten des Surfens mit Spinnaker und Großsegel zu pumpen.

Ist das Boot bei starkem Wind schneller als die Welle,

Die Welle ist am Heck des Bootes. Um sie nicht durchlaufen zu lassen, muß das Boot beschleunigt werden. Der Vorschoter hält die Spischoten am langen Arm, um pumpen zu können. Der Steuermann holt mit dem Oberkörper zum Anrucken aus.

Jetzt ist die Welle unter dem Heck des Bootes. Der Vorschoter pumpt mit dem Spinnaker und der Steuermann mit dem Groß. Zusätzlich geht er mit dem Oberkörper ruckartig nach vorne, was das Boot zusätzlich beschleunigt.

wird angeluvt, während das Boot die Welle hochsegelt. Der Druck in den Segeln nimmt zu, und das Boot verliert weniger Fahrt. Bergab fällt man mit zunehmender Geschwindigkeit wieder ab.

Die Praxis des Wellesegelns vorm Wind

Bei diesem Kurs ist das Segeln im Wellental wenn möglich zu vermeiden. Denn entsprechend der Orbitalströmung läuft im Wellental die Wellenströmung gegen die Fahrtrichtung und bremst sehr stark.

Auf dem Vormwind-Kurs ist es um einiges schwieriger, das Boot auf der Welle ins Surfen zu bringen und es auf dem Wellenrücken zu halten. Das liegt an der geringeren Bootsgeschwindigkeit auf diesem Kurs. Anders als bei raumen Kursen muß man einen Kompromiß zwischen kürzestem Weg nach Lee und optimalem Winkel zu den Wellen beim Surfen finden. Man kann nicht bedenkenlos anluven, um auf die Wellen zu kommen, da man sich von Mal zu Mal weiter von seinem Ziel in Lee entfernt. Auf diesem Kurs ist das Pumpen von Spinnaker und Großsegel für das Beschleunigen auf die Welle besonders wichtig. Durch die Verlagerung des Mannschaftsgewichtes nach vorn kommt das Boot leichter auf die Welle. Auf der Welle rutscht die Mannschaft so weit wie möglich nach hinten, um den Bug des Schiffes zu entlasten. Zwar fährt man gerade bei kürzeren Wellen mit dem Bug in die vor dem Boot laufende Welle hinein, durch die Entlastung bleibt er aber nicht stecken, und es steigt keine Welle ins Cockpit ein.

Das Trapezsegeln

Mit dem Trapez wurden neue Wege des Jollensegelns eröffnet. Die Boote konnten mehr Segel tragen, wurden allerdings auch instabiler und damit sensibler für den Gewichtstrimm der Mannschaft. Gleichzeitig nahmen die Anforderungen an die Crews zu. Sie mußten immer schneller agieren lernen und, für eine gute Bootsbeherrschung, mit dem Boot gewissermaßen verwachsen sein. In diesem Kapitel möchten wir die speziellen Techniken besprechen, die für schnelles Segeln mit einem Trapez benötigt werden.

Die **perfekte Haltung im Trapez** ist erreicht, wenn beide Füße mit den Fersen zusammenstehen. Der vordere Fuß ist leicht nach vorne weggedreht und das hintere Bein leicht angewinkelt. Man kann so den Zug des Trapezes nach vorne besser ausgleichen. Der Arm hinter dem Kopf bringt zusätzliches Gewicht am optimal langen Hebel. Um seine Lendenwirbel gerade beim Trapezsegeln mit Gewichtsweste, zu schonen, muß ein Hohlkreuz unbedingt vermieden werden. Deshalb sollte der Schultergurt der Trapezhose leicht verstellbar sein. An der Kreuz wird er dann so dicht genommen, daß man den Rücken nicht ins Hohlkreuz fallen lassen kann. Im Boot hingegen kann der Schultergurt wieder entsprechend gelöst werden, wenn es nötig ist.

Durch die Einführung des Trapezes hat der Vorschoter im gesamten Windbereich, in dem die Mannschaft das Boot mit ihrem Gewicht gerade halten kann, die Verantwortung für den Quertrimm übernommen. Er muß das Boot, außer bei sehr leichtem Wind, immer möglichst gerade halten. Auch recht gute Vorschoter neigen dazu, die Bootslage falsch einzuschätzen. Sie halten das Boot nie wirklich aufrecht, was ständigen leichten Ruderdruck verursacht, der das Boot abbremst. Wenn man über den Heckspiegel peilt, sieht man genau, ob das Boot wirklich gerade im Wasser liegt.

So steht man optimal im Trapez. Der Fuß ist nach vorne abgewinkelt, und die Beine stehen eng beieinander. Um nicht die Wellen zu berühren, steht der Trapezmann relativ hoch.

Um das Boot gerade zu halten, gibt es nicht nur zwei Positionen: auf dem Tank oder gestreckt im Trapez. Es sind alle Zwischenformen möglich. Man kann gehockt im Trapez stehen, das hintere Bein schon im Schiff haben oder den Oberkörper nach oben anwinkeln. Die Länge der Trapeztalje sollte bei verschiedenen Bedingungen bewußt variiert werden. Je tiefer man steht, desto besser ist der Hebel des Vorschoters. Gleichzeitig werden aber alle Manöver vom Trapez aus schwieriger, da man schlechter aus dem Boot heraus oder wieder hinein kommt.

Bei leichtem Mittelwind steht der Vorschoter fast am Want. Er hat den Draht sehr kurz eingestellt, um auf Windänderungen flexibler reagieren zu können, ohne Unruhe ins Boot zu bringen.

Der Vorschoter steht im Neunzig-Grad-Winkel, da keine Welle vorherrscht. Der Arm hinter dem Kopf bringt einiges, zumal er so auch keinen zusätzlichen Windwiderstand erzeugt.

Bei **Mittelwind,** also bei Bedingungen, in denen der Vorschoter oft ins Boot oder wieder heraus muß, hängt man sich entsprechend höher. Alle Bewegungen können so weicher ausgeführt werden. Bremsende Vibrationen des Bootes werden so vermieden. Der optimale Hebel ist bei geringem Winddruck nicht erforderlich. Auch bei starker Welle hängt man sich entsprechend höher. Der Vorschoter darf auf keinen Fall die Wellenkämme berühren, da das Boot sonst extrem abgebremst würde. Nur bei **starkem Wind** und **glattem Wasser** steht der Vorschoter im optimalen Neunzig-Grad-Winkel zum Mast.

Der Bewegungsablauf für schnelle Regattasegler

Fällt plötzlich eine Bö ein oder man muß aus einem anderen Grund sehr schnell ins Trapez, hält das vorherige Einhaken sehr auf. Besser ist es, den Griff oder die Trapeztalje selbst zu greifen. Statt sich einzuhaken, geht man mit der vorderen Hand am Griff ins Trapez. Erst draußen greift man mit der hinteren Hand den Haken und hängt sich ein. Diese Art, ins Trapez zu

1

3

2

1 *Während der Vorschoter die Fock dicht nimmt, greift er gleichzeitig den Trapezgriff . . .*

2 *. . . geht am Griff in das Trapez und stellt die Fock endgültig ein.*

3 *Ist das geschehen, greift er den Haken und hängt sich mit der Trapezhose ein.*

gehen, erfordert zwar mehr Kraft, es geht aber auch weitaus schneller. Wer diese Variante ausprobiert, wird schnell merken, daß sie hohe Anforderungen an die Kondition des Vorschoters stellt. Mit einigem Training ist das aber durchaus zu meistern.

Versucht man seinen Bewegungsablauf beim Ins-Trapez-Gehen zu verbessern, sind zwei Dinge wichtig, um die Bootsgeschwindigkeit nicht zu beeinträchtigen: Einerseits muß man sehr schnell sein, andererseits darf sich das Boot dabei möglichst nicht bewegen. Nur wenn beide Kriterien erfüllt sind, ist der Bewegungsablauf optimal.

Das Bootshandling auf geraden Kursen

In den vorausgehenden Kapiteln wurden Einzelkomponenten, die für schnelles Segeln wichtig sind, getrennt besprochen. Da schnelles Segeln eine Synthese aller erwähnten Einzelfertigkeiten ist, fügen wir sie hier wieder zusammen. Wir beschreiben, wie die Segelbedingungen und der Bootstyp die Segeltechnik auf den verschiedenen Kursen beeinflussen und wie das Bootshandling als Resultat aus diesen Erkenntnissen hervorgeht.

Für die Beschreibung des Bootshandlings dient uns die Zweimanntrapezjolle als Standard. Der Bootsbeherrschung kommt dort eine wesentlich größere Bedeutung zu als beim Segeln mit Dickschiffen. Da die Boote aufgrund ihres geringeren Gewichts feinfühliger auf Aktionen der Mannschaft reagieren, sind die Möglichkeiten der Crew, das Boot schneller zu machen, größer. Es werden dort Regeln herausgearbeitet, die sich auch auf Kielschiffe übertragen lassen. Da sich das Handling von Ein- und Zweimannjollen aufgrund der verschiedenen Takelungen unterscheidet, gehen wir auf das Segeln von Einmannjollen gesondert ein.

Auf diesem Boot wird der Ausleger hinten gefahren. Die Steuerfrau hat so mehr Steuergefühl. Sie hat allerdings nur eine Hand für die Großschot.

Überlegungen zur Steuertechnik

Die Handhaltung des Auslegers hat einen gewissen Einfluß auf die Feinfühligkeit beim Steuern. Es gibt zwei Varianten: Man kann den Ausleger von unten anfassen und vor dem Körper halten, oder man legt ihn hinter sich auf Deck und greift von oben. Fährt man den Ausleger hinter sich, steht er mit neunzig Grad zur Pinne. Bei diesem Winkel wird beim Steuern praktisch die gesamte Kraft zum Bewegen der Pinnennock ausgenutzt. Hält man den Ausleger vor dem Körper, läßt sich die Pinne aufgrund des ungünstigeren Winkels schwerer bewegen. Das gute Gefühl beim Steuern bezahlt man allerdings mit größeren Schwierigkeiten bei der Schotarbeit. Man kann die Hand an der Pinne nicht mehr zum Dichtholen der Schot mitbenutzen, was mit dem Ausleger vor dem Körper möglich ist. Wie immer beim Segeln muß man auch hier zwischen Vor- und Nachteilen abwägen.

Hier wird der Ausleger vorne gefahren. Die Steuerfrau hat so beide Hände frei für die Großschotarbeit.

Bei sehr leichtem Wind sitzt der Vorschoter ganz in Lee. Er bringt so das Gegengewicht zum Steuermann. Um wenig Windwiderstand zu erzeugen, sitzt er unten im Cockpit.

Das Bootshandling in der Trapezjolle auf der Kreuz

Das Kreuzen bei Leichtwind

Bei diesen Bedingungen ist der Antrieb des Segelbootes nur sehr schwach. Die dynamischen Kräfte, die aus der Fortbewegung des Rumpfes im Wasser resultieren, sind in diesem Windbereich zu vernachlässigen. Also müssen die bremsenden Kräfte so klein wie möglich gehalten werden.

Was heißt das konkret für das Segeln bei Leichtwind? Das Boot, egal ob Jolle oder Dickschiff, muß nach Lee gekrängt werden. Wir erreichen damit zwei Effekte: Die Segel, die durch den Winddruck alleine nicht optimal stehen, werden zusätzlich durch die Schwerkraft

in ihrer Form gehalten. Als Haupteffekt nimmt der Reibungswiderstand am Rumpf ab, da seine eingetauchte Fläche kleiner wird. Die Mannschaft trimmt das Boot zusätzlich nach vorne. Jetzt taucht zwar der Bug tiefer ein, aber die benetzte Fläche wird noch kleiner. Ein weiterer Effekt ist, daß die Strömung am Spiegel glatt, also ohne Verwirbelungen abreißt. Der Rumpf hat so einen wesentlich geringeren Strömungswiderstand, als wenn sich das Heck im Wasser festsaugt. Da bei diesem Wind schon kleine Widerstände große Auswirkung haben, sollte der Vorschoter mit seinem Körper möglichst aus der Windströmung heraus. Er setzt sich also nicht auf den Tank hinter die Fock, sondern ins Cockpit. Um trotzdem genügend Bootskrängung zu erreichen, setzt sich der Steuermann vor den Traveller zwischen Schwertkasten und Deck, je nach Gefühl. Ist es klar, daß in der nächsten Zeit viele Wenden gefahren werden müssen, bleibt der Steuermann allerdings hinter dem Traveller, um nicht durch den ständigen Positionswechsel Unruhe ins Boot zu bringen, die das Boot enorm abbremst.

Die Segel werden rund und relativ offen gefahren, und der Steuermann segelt auf Geschwindigkeit, nicht auf Höhe. Erste Regel für das Verhalten im Boot ist: möglichst jede Unruhe im Schiff vermeiden. Jedes Wackeln läßt die sehr anfällige schwache Strömung an den Segeln abreißen, und das Boot wird sofort langsamer. Es nimmt bei diesen Bedingungen nur sehr schwer wieder Fahrt auf, man verliert viel gegenüber seinen Konkurrenten. Aus dem gleichen Grund müssen auch alle Ruderbewegungen sehr weich ausgeführt werden. Das Schwert bleibt vollständig unten, weil es so der Abdrift am besten entgegenwirkt.

Das Kreuzen bei Mittelwind

Nimmt die antreibende Kraft des Windes zu, spielen die dynamischen Kräfte, die bei Leichtwind noch zu vernachlässigen waren, eine wesentlich größere Rolle. Fährt das Boot gekrängt, addieren sich mehrere bremsende Effekte: Der Segeldruckpunkt wandert nach Lee und wirkt nicht mehr über dem Massenschwerpunkt, und der Bootsrumpf wird asymmetrisch umströmt. Daraus ergibt sich starke Luvgierigkeit. Der entstehende Ruderdruck spielt jetzt eine viel größere Rolle als die Verringerung der benetzten Fläche. Daraus folgt, daß Bootskrängung bei diesen Bedingungen zu vermeiden ist.

Die Mannschaft befindet sich jetzt komplett auf der Luvseite des Bootes. Der Vorschoter hat die Aufgabe, das Boot gerade zu halten. Er geht, je nach Winddruck, unterschiedlich weit ins Trapez. Das Mannschaftsgewicht wird jetzt stärker zentriert. Bei sehr kleiner Welle kann es sinnvoll sein, daß der Vorschoter weiter vorne steht. Man belastet damit den Bug stärker, und das Boot fährt ruhiger und schneller durch die kleinen Wellen. Die Segel werden bauchig und dicht gefahren, um möglichst viel Geschwindigkeit aus der vorhandenen Windkraft herausholen zu können. Einfallende Böen werden in Höhe und Geschwindigkeit umgesetzt. Entstandene Krängung wird über die daraus resultierende Luvgierigkeit zum Höhelaufen genutzt, um dann weich herausgezogen zu werden. Ruckartige Bewegungen lassen die Strömung an der Leeseite des Segels abreißen und haben keinen positiven Effekt auf die Geschwindigkeit. Sie sind bei Mittelwind unbedingt zu vermeiden. Auch bei Mittelwind

Bei starkem Wind wird das Boot so aufrecht wie möglich gesegelt. Der Vorschoter steht möglichst im Neunzig-Grad-Winkel, soweit die Welle dies zuläßt.

wird das Schwert so tief wie möglich gefahren, da man den Druck in den Segeln noch voll nutzen kann.

Das Kreuzen bei starkem Wind

(Bedingungen, bei denen die Segel aufgemacht werden müssen.)

Nimmt der Wind so stark zu, daß die Mannschaft mit ihrem Gewicht das Boot nicht mehr waagerecht halten kann, nimmt die Bedeutung der Vorschoteraktionen, um das Boot aufrecht zu halten, ab. Der Vorschoter steht gestreckt und möglichst tief im Trapez. Der Steuermann arbeitet aus seiner Hängeposition heraus ständig mit der Großschot, um das Boot waagerecht zu halten. Die Mannschaft rückt noch weiter zusammen. Der Vorschoter hat seinen Oberkörper von der Seite gesehen auf Höhe des Steuermanns. Der Bug wird dadurch entlastet, er setzt nicht mehr so tief in die Wellen ein. Bei glattem Wasser ermöglicht man so an der Kreuz Halbgleiten. Die Segel sind flach und offen getrimmt, der überschüssige Winddruck kann so „abgelassen" werden.

Der Steuermann fährt mit einer Trapezjolle auf Geschwindigkeit, nicht auf Höhe. In sehr starken Böen werden beide Segel gefiert und der Steuermann fällt ab, um den Winddruck in Geschwindigkeit umzusetzen. Auf Jollen ohne Trapez oder auf Dickschiffen wird in den Böen angeluvt, um dem Winddruck durch „Höhekneifen" auszuweichen. Kann man das Boot trotz allem noch nicht richtig halten, wird das Schwert leicht aufgeholt. Es verringert sich so seine Fläche im Wasser, und das Boot krängt nicht mehr so stark. Dieser Vorteil wird natürlich durch eine vermehrte Abdrift erkauft. Kommt es jetzt in einer Bö zu stärkerer Krängung, ist es sinnvoll, mit dem Oberkörper zu rucken. Das Groß wird dadurch im oberen Drittel kurz weit geöffnet und läßt den überschüssigen Druck ab. Es geht dabei nur um die Verringerung der Krängung, nicht um zusätzlichen Vortrieb.

Das Bootshandling im Einmannboot an der Kreuz

Das Kreuzen bei Leichtwind
Da die physikalischen Gegebenheiten die gleichen wie beim Zweimannboot sind, trimmt auch hier der Steuermann das Boot nach vorne und nach Lee. Er sitzt möglichst weit vorne und mittschiffs, um die benetzte Fläche zu verkleinern und den Wasserabriß am Heck zu verbessern. Das Segel wird recht bauchig gefahren und die Schot nur so weit dichtgenommen, wie sie den Großbaum nach innen holt. Baumniederholer und Unterliek werden in ihrer Minimalstellung gefahren. Der Cunningham bleibt ganz lose.

Das Kreuzen bei Mittelwind
Nimmt der Wind zu, sitzt der Steuermann wieder auf seiner normalen Position im Boot auf Höhe der Klemmen. Der Trimm bleibt, solange er auf Deck sitzt, weitgehend gleich. Nur die Schot wird etwas fester gezogen, um das Segel mehr zu schließen. Muß der Steuermann zum Ausgleichen des Winddrucks ausreiten, werden die Schoten noch dichter gefahren. Mit zunehmendem Winddruck wird das Segel immer flacher getrimmt. Genau wie im Zweimannboot sollte auch eine Einmannjolle bei Mittelwind so gerade wie möglich gesegelt werden. Es ist auch hier besser, eine Bö mit leichter Krängung in Höhe und Fahrt umzusetzen als das Segel durch starkes Rucken mit dem Oberkörper am Achterliek aufzuziehen.

Das Kreuzen bei Starkwind
Ab einer bestimmten Windstärke, die individuell vom Gewicht des Seglers abhängt, wird das Segel so flach wie möglich getrimmt. Jetzt kommt es vor allem dar-

Bei sehr leichtem Wind sitzt der Steuermann vor dem Schwert auf Deck. Das Heck wird aus dem Wasser gehoben, und der Wasserabriß ist ohne bremsende Verwirbelungen.

auf an, wer die besseren Bauchmuskeln hat. In Böen wird über den optimalen Kreuzkurs hinaus angeluvt. Man segelt also mit Gegenbauch im Vorliek, um das Boot gerade halten zu können. Bei sehr starkem Wind bekommt man damit allerdings Schwierigkeiten. Durch das Anluven über die Windkante hinaus wird das Boot nämlich immer langsamer. Um genügend Fahrt im Boot halten zu können, beginnt man, genau wie in der Zweimannjolle, ständig mit der Schot zu arbeiten. Das erfordert vom Segler allerdings große Routine, denn er muß jetzt ohne Fäden seinen optimalen Kurs am Wind finden. (Bei einer Zweimannjolle bleiben ja noch die Fäden der Fock.) Am besten ist es, die Schot kurz durch die Hand rutschen zu lassen und sofort wieder dicht zu ziehen. So kann man zumindest zwischen den Windspitzen nach Fäden segeln.

Das Segeln auf raumen Kursen

Der Trimm auf dem Raumgang unterscheidet sich grundsätzlich von dem an der Kreuz. Dort muß ein Kompromiß zwischen hoher Geschwindigkeit, also Segeln mit tiefem Profil, und guter Höhe mit entsprechend flachem Anschnitt gefunden werden. Denn nur die Synthese aus beidem führt zu einer hohen Geschwindigkeit nach Luv. Raumschots hingegen spielt allein der zu erzielende Vortrieb eine Rolle für den Trimm. Das heißt, die Segel werden sehr bauchig getrimmt, um den Vortrieb zu vergrößern. Man fährt also Cunningham und Unterliek lose und kontrolliert die Achterlieksöffnung mit dem Baumniederholer. Hierbei ist Vorsicht geboten. Ein leichter Twist im Achterliek muß immer erhalten bleiben.

Es gilt die Regel: Das Achterliek im Bereich der oberen Latte soll parallel zum Großbaum stehen.

Die Fock ist auf stumpfen Raumgängen mit den normalen Holepunkten nicht mehr optimal zu trimmen. Durch die lose Schot kann das Schothorn der Fock nach oben auswandern, das Segel macht oben zu weit auf, ist im Profil insgesamt zu rund und im Anschnitt oben zu offen. Um den Vortrieb zu verbessern ist es sinnvoll, das Segel über einen Fockbarberhauler zu kontrollieren. Er lenkt die Fockschot nach außen und nach vorne um. Nun kann die Fock wieder so eingestellt werden, daß der Anschnitt über die ganze Vorliekslänge konstant ist. Auf größeren Schiffen kann man dazu den Spibarberhauler einfach umfunktionieren. Verbindet man den Barberhauler und die Genuaschot mit zwei Karabinern, kann man damit auch die Genua trimmen.

Auf den Raumgängen ist die Effektivität der Segel viel höher als an der Kreuz. Da sie bei optimaler Anströmung weiter gefiert werden können, ist das Verhältnis von Vortriebs- und Krängungskraft wesentlich günstiger als an der Kreuz. Mit der Abnahme der Krängungskraft nimmt auch die Abdrift ab. Das Schwert hat hier nur eine untergeordnete Bedeutung. Es wird weit aufgeholt, um den Strömungswiderstand des Bootes zu minimieren. Die geringeren Krängungskräfte sind auch der Grund dafür, daß man auf raumen Kursen viel mehr Segelfläche tragen kann als an der Kreuz.

Der Raumgang ist mit Abstand der schnellste aller Kurse. Dabei hat das Bootshandling die weitaus größte Bedeutung für die Geschwindigkeit. Um sie ständig auf einem möglichst hohen Niveau zu halten, wird so gesteuert, daß der Winddruck in den Segeln

Man sieht, daß die Genuaschot mit einem Barberhauler nach außen gezogen wird. Mit zwei Karabinern wurde der Spi-Barberhauler auch für die Genua nutzbar gemacht.

immer konstant bleibt. An dieser Stelle müssen wir uns noch einmal die Kraftentwicklung an einem Segel vor Augen führen. Je raumer der Wind einfällt, desto weiter können die Segel gefiert werden und desto weniger Krängungskräfte entstehen. Das heißt, daß man auf raumen Kursen in einer Bö immer so weit abfällt, daß man das Boot völlig aufrecht segeln kann. Läßt der Winddruck nach, luvt man wieder an. Diese Tatsache ist jedem Jollensegler bei Starkwind klar, da er hier jeden Steuerfehler mit einer Kenterung bezahlt. Bei Leichtwind gilt das gleiche Prinzip: Mit dem Abfallen werden nicht nur die Krängungskräfte kleiner, es nimmt auch die Bootsgeschwindigkeit ab. Es ist also in jeder Bö möglich, den zusätzlichen Winddruck dazu zu benutzen, mit konstanter Geschwindigkeit Leeraum zu machen. Läßt der Wind wieder nach, kann man durch Anluven die Bootsgeschwindigkeit wiederum konstant halten.

Auf den Raumgängen in der Einmannjolle bei Gleitbedingungen sollte der Steuermann sehr weit hinten hängen. Er entlastet damit den Bug und macht das Boot leichter steuerbar.

Beim 14-Footer verdoppelt sich die Segelfläche durch den Spinnaker in etwa. Man sieht weiterhin, wie stark der Bug aus dem Wasser gehoben wird. Der Spinnaker produziert mit seinen horizontalen Anteilen Auftrieb.

In Zweimannjollen konzentriert sich das Mannschaftsgewicht wieder in der Nähe des Travellers. Die Mannschaft steht aber weiter auseinander als an der Kreuz, um den Bug nicht zu sehr steigen zu lassen, was das Boot beim Gleiten sehr stark bremsen würde.

Tip

Für das Prinzip des Konstanthaltens des Drucks im Boot gibt es eine ganz spezielle Anwendung: beim Leedurchbruch auf dem Raumgang: Will man ein anderes Boot in Lee überholen, muß das Boot irgendwann den Abwindkeil seines Gegners durchfahren. In dem Moment, in dem die Mannschaft merkt, daß der Druck im Boot nachläßt, macht sie etwas scheinbar Unsinniges. Sie luvt an und fährt auf den Gegner zu. Dadurch kann sie den Druck auch in der Abdeckung des anderen Bootes konstant halten und bricht schneller in Lee durch.

Das Segeln auf Vormwind-Kursen

Es gibt ein paar Details zu klären, die noch keine genügende Beachtung in den anderen Kapiteln gefunden haben.

Vorm Wind in der Einmannjolle

Bei leichtem Wind segelt man ein Einmannboot vorm Wind mit relativ starker Luvkrängung. Würden die Segler dies nicht tun, hätten sie ständig bremsenden Ruderdruck, weil das Zentrum des Segels (also der Segeldruckpunkt) nicht über dem Rumpf (dem Masseschwerpunkt) läge. Krängt man das Boot nach Luv, liegt der Antrieb direkt über dem Rumpf. Man kann so den Vormwind-Kurs ohne ständige Ruderlage segeln. Der Steuermann sitzt dafür relativ weit in Luv auf dem Deck und verkeilt sich mit den Beinen an der Luvseite des Cockpits. Um die Schot besser fahren zu

Der Steuermann dieses Lasers hängt weit hinten, um den Bug zu entlasten. Außer auf der Kreuz wird im Laser die Schot immer direkt vom Großbaum gefahren. Die Schotarbeit ist so leichter.

Um den Bug in der Welle nicht zu stark steigen zu lassen, steht der Vorschoter ein ganzes Stück vor dem Traveller.

können, nimmt er sie direkt vom Großbaum kommend und nicht aus dem Fußblock.

Nimmt der Wind zu, ist es besser, wie an der Kreuz, das Boot aufrecht zu segeln.

Der Vormwind-Kurs auf Booten mit Spinnaker

Setzt man auf den Vormwind-Kursen einen Spinnaker, setzt sich der Segeldruckpunkt aus der Fläche von Großsegel und Spinnaker zusammen. Er liegt damit genau über dem Boot und macht Luvkrängung unnötig. Bei Leichtwind wird durch Luvkrängung allerdings die benetzte Fläche und damit der Störmungswiderstand reduziert.

Der Vorschoter sitzt möglichst weit in Luv, eventuell noch vor dem Want, um den Spinnaker besser fahren zu können, und der Steuermann sitzt auf der Seite des Großsegels mit einem Bein vor dem Traveller. Dadurch, daß die Mannschaft maximal voneinander entfernt sitzt, ist das Trägheitsmoment für Bewegungen um die Längsachse sehr groß. Das Boot ist stabiler gegen Rollen, was gerade beim Segeln in der Welle große Vorteile bringt.

Bei sehr leichtem Wind kann es vorkommen, daß der Spinnaker seine Leeschot nicht mehr tragen kann. Der Spinnaker fällt dabei nur aufgrund des Schotgewichtes ein. Auf einem größeren Schiff sollte für diesen Fall eine sehr dünne Spischot zum Austauschen bereit liegen. Kann man die Schoten nicht austauschen, gibt es zwei andere Lösungen: Entweder nimmt der Vorschoter die Leeschot direkt ums Want und verkürzt so die Länge der frei hängenden Spischot. Oder der Steuermann läßt sie am Großbaum durch die Hand gleiten, um die frei hängende Länge zu verkürzen.

Nimmt der Wind zu, rutscht die Mannschaft wieder weiter nach hinten. Der Steuermann sitzt in Höhe des Travellers, der Vorschoter kurz hinter dem Want. Bei Gleitbedingungen auf glattem Wasser wäre es falsch, den Bug zu stark zu entlasten. Das Boot sollte auch beim Gleiten nicht mehr als vier Grad Neigung zur Horizontalen haben, um optimal schnell zu sein.

Ein Laser auf Vormwind-Kursen. Das Boot ist nach Luv gekrängt.

Vor dem Wind wird die benetzte Fläche durch Luvkrängung verkleinert.

Die Manöver

Allgemeine Anmerkungen zur Verbesserung von Manövern

Gerade gute Manöver haben sehr große Bedeutung für schnelles Segeln. Es hilft einer Mannschaft nur wenig, mit einem schnellen Boot zu segeln, aber bei jedem Manöver viele Meter zu verlieren. Die gute Manöverarbeit ist daher ein Grundbaustein schnellen Segelns.

Auch in diesem Kapitel dienen Jollen zur Beschreibung der allgemeinen Manöverabläufe. Besonderheiten im Manöverablauf auf Kielschiffen sind gesondert beschrieben. Wir möchten so das Verständnis der Zusammenhänge bei der Manöverarbeit erweitern.

Segler vertreten oft die Meinung, es gäbe das optimale, einzig richtige Manöver. Diese Auffassung halten wir für falsch. Der optimale Manöverablauf hängt von sehr vielen Faktoren ab. Um nur ein paar Beispiele zu nennen: von konditionellen Voraussetzungen, vom Bootsausbau, der Bootsklasse und von den Fähigkeiten der Besatzung. Dies alles muß bei einem Manöver bedacht werden. Dabei ist es wichtig, sich vor dem Segeln zusammenzusetzen und den Manöverablauf zu besprechen. Zu bedenken ist, daß Manöver unter verschiedenen Bedingungen, wie unterschiedliche Windstärken oder Wellenhöhen, modifiziert werden müssen, um immer ein Optimum erzielen zu können. Wir wollen dem Segler eine Grundversion eines Manövers und einige Varianten davon anbieten und das Für und Wider erklären, um ihm den Weg zu *seinem* Manöver zu erleichtern.

Die Vormwind-Halse unter Spinnaker

Zu den Grundanforderungen an dieses Manöver gehören folgende Punkte: Am wichtigsten ist es, daß der Spinnaker während des ganzen Manövers steht, damit er fortwährend Vortrieb erzeugt. Da deshalb die Dauer des Manövers nur eine untergeordnete Rolle spielt, ist es entscheidend, alle Bewegungen im Schiff ruhig auszuführen, da jede Unruhe das Boot unnötig verlangsamt.

Der Manöverablauf

Auf dem Vormwind-Kurs steht die Mannschaft, nachdem die Schoten übergeben wurden, gleichzeitig von ihren Positionen in Luv und Lee auf und stellt sich in die Mitte. Ungeübte Mannschaften in einer Zweimannjolle sollten auf Kommando aufstehen, um jede Bootsbewegung zu vermeiden. Nun beginnt das eigentliche Manöver. Der Vorschoter löst den Spinnakerbaum von der Schot. Er erreicht damit, daß der Spinnaker frei vor dem Schiff steht und durch den Steuermann besser gefahren werden kann. Bliebe er im Spibaum eingehakt, würde er nach Lee hinter das Großsegel gezogen und schneller einfallen. Der Spinnakerbaum muß dafür nach unten öffnen, da sonst beim Zurückziehen die Schot nicht aus dem Beschlag fallen kann. Der Spinnaker schwingt nach dem Lösen der Schot sofort auf die neue Luvseite und bleibt so im freien Wind. Am besten noch während der Vorschoter am Spibaumbändsel zieht, schiftet er das Großsegel.

Während sich die Mannschaft in der Mitte des Bootes befindet, werden die Spischoten an die Steuerfrau überge-ben.

Das Boot fährt die Welle hinunter, die Steuerfrau steuert mit den Knien und fährt den Spinnaker. Die Vorschoterin schiftet das Großsegel und zieht den Spibaum am Bändsel nach hinten.

Der Spibaum hat sich von der Luvschot gelöst. Da die Steuerfrau jetzt nicht weit genug anluvt, klappt die Fock nicht nach Lee. Der Spinnaker droht einzu-fallen.

Mit der „Masthand" wird der Spibaum vom Mastbeschlag gelöst. Mit der Luvhand greift die Vorschoterin die neue Luvschot.

Der Spibaum wird in die Luvschot eingepickt.

Zuletzt wird der Spibaum am Mast fixiert. Danach müssen nur noch die Schoten übergeben werden.

Wichtiger Hinweis

Der Großbaum sollte während des Seitenwechsels, sozusagen im Vorbeigehen, geschiftet werden, um das Boot absolut gerade zu halten. Ein weit verbreiteter Fehler ist es, sich mit seinem ganzen Gewicht an den Baumniederholer zu hängen und damit das Boot während des Schiftens stark zu krängen. Wahrscheinlich wird dabei der Spinnaker einfallen und das Boot wegen der Krängung aus dem Ruder laufen.

Nachdem der Vorschoter unter dem Großbaum durchgetaucht ist, greift er mit der neuen „Luvhand" nach der Spinnakerschot, um diese zu sichern. Mit der „Masthand" löst er den Spinnakerbaum vom Mast. Es kommt auf die Höhe des Spibaumbeschlags am Mast an, ob er von oben oder von unten den Spibaum öffnet. Er führt nun den Spibaum zur Luvschot (nicht etwa umgekehrt) und befestigt ihn am Mast. Ein weit verbreiteter Fehler ist es, den Spibaum mit der „Luvhand" zu lösen. Dies erfordert mehr Handgriffe, und die Luvschot des Spinnakers ist nicht gesichert.

Tip

Es ist wichtig, den Spibaum möglichst weit vorne und in Luv in die Spischot einzuhaken, um den Spi aus den Abwinden des Großsegels herauszuhalten. Das setzt eine große Bewegungsfreiheit voraus, die nur beim angelehnten Stehen gegeben ist.

Nach der Halse ist es wichtig, so weit anzuluven, daß die Fock von selbst auf die neue Leeseite schwingt. Sonst kann sie den Spinnaker zum Einfallen bringen. Die Übergabe der Spischoten erfolgt danach noch im Stehen. Da der Steuermann beide Spischoten direkt vom Spinnaker kommend greift, liegt der Rest der Leeschot lose im Schiff. Daher nimmt sich der Vorschoter erst die Leeschot, die er mit beiden Händen dichtnehmen kann, und danach die gespannte Luvschot. Zuletzt setzen sich beide Crewmitglieder möglichst gleichzeitig auf ihre Vormwind-Positionen.

Die Aufgabe des Steuermanns

Er hat den schwierigsten Teil zu bewältigen. Er muß den Spinnaker ohne Spibaum sauber vor dem Schiff fahren und mit den Knien steuern. Während des Schiftens des Großbaums muß er sich je nach Größe und Bootsklasse entweder neben die Pinne knien oder sich über ihr zusammenkauern.

Um das lange Stehen der Mannschaft während des Manövers zu umgehen, hat sich noch eine andere Variante durchgesetzt. Hierbei bleibt die Mannschaft bis nach dem Schiften des Großsegels auf den ursprünglichen Positionen sitzen. Der Vorschoter kommt, nachdem er das Großsegel herumgezogen hat, auf die neue Luvseite. Der Steuermann greift mit einer Hand Lee- und Luvschot und steuert mit der anderen. Der Vorteil dieser Variante liegt darin, daß die Mannschaft immer sicher sitzt und der Steuermann besser steuern kann. Dies erhöht die Sicherheit des Manövers gerade in der Welle enorm. Allerdings nimmt die Bootsbewegung durch den Positionswechsel des Vorschoters während des Manövers zu.

Die Schwertposition

Sollte in der Halse der Spinnaker einfallen, ist es die vordringlichste Aufgabe, ihn so bald wie möglich wieder zum Stehen zu bekommen. Erst danach wird im normalen Manöverablauf weitergemacht.

Die **Schwertposition** ist ein entscheidender Faktor, der zum Gelingen dieses schwierigen Manövers beiträgt. Ist das Schwert nicht genügend aufgeholt, kann das Boot bei der Halse nicht quer zur Fahrtrichtung driften. Der entstehende Druck wird in Krängung umgesetzt und bringt das Boot gegebenenfalls zum Kentern.

Ist das Schwert aber zu weit aufgeholt, wird das Boot zu sensibel für Mannschaftsbewegungen an Bord. Auch das kann zu einer Kenterung führen.

Gerade bei Spimanövern gilt der Spruch: *Scheint die Sonne auf das Schwert, macht der Segler was verkehrt.*

Die Vormwind-Halse bei Welle

Die Welle verändert den Ablauf des Manövers nicht. Nur der Zeitpunkt des Schiftens wird durch die Welle bestimmt.

Als Grundregel fürs Schiften gilt: Das Großsegel wird geschiftet, wenn der Druck im Segel am geringsten ist. Gleitet das Boot nun die Welle hinunter, nimmt der Druck im Segel sehr stark ab. Genau in diesem Moment muß der Großbaum geschiftet werden. Versucht man es mit dem Bug in der nächsten Welle, ist der Druck im Segel extrem hoch, und der Versuch endet ziemlich sicher mit einer Kenterung. Grundvoraussetzung für das Gelingen des Manövers ist allerdings, daß der Steuermann in der Lage ist, das Boot während der Halse auf einer Welle zu halten.

Die Vormwind-Halse bei böigem Starkwind

Auch hier ändert sich nichts am Bewegungsablauf. Der Zeitpunkt des Manövers wird wieder durch äußere Bedingungen mitbestimmt. Der Druck im Segel ist kurz nach dem Höhepunkt der Bö am geringsten. Das Boot hat gerade seine höchste Geschwindigkeit erreicht, und der Wind nimmt wieder ab. Dies ist der richtige Zeitpunkt für die Halse, auch wenn man gerade jetzt Probleme beim Manöver vermutet.

Die Sicherheitshalse unter Spinnaker

Irgendwann kommt jede Mannschaft an ihre individuelle Grenze, von der an sie die Standardhalse nicht mehr „stehen" kann. Gerade bei glattem Wasser kommt es vor, daß der Vorschoter wegen des ständig gleich großen Winddruckes das Großsegel am Baumniederholer nicht mehr schiften kann. Also werden bei dieser Art zu halsen die Spischoten erst übergeben, wenn der Steuermann das Großsegel herübergezogen hat. Der restliche Manöverablauf bleibt mit einer Ausnahme bestehen: Der Steuermann stellt sich nicht hinten ins Schiff, sondern setzt sich halb auf den Tank. Um der entstehenden Luvkrängung entgegenzuwirken, luvt er etwas mehr an. Das hat noch einen weiteren Vorteil: Der Spinnaker kann aufgrund des raumeren Steuerns nicht mehr so weit nach Luv schwenken und zu einer Luvkenterung führen.

Besonderheiten der Halse beim Einmannboot

Während bei einem Boot mit Spinnaker der Segeldruckpunkt etwa in der Mitte des Bootes gehalten wird, liegen beim katgetakelten Schiff andere Verhältnisse vor. Der Segeldruckpunkt liegt außerhalb des Rumpfes. Weiterhin wirkt beim Einmannboot der gesamte Winddruck im Großsegel und ist nicht auf Spinnaker und Groß verteilt. Der Druck im einzelnen Segel ist also größer. Das hat Konsequenzen für die Technik der Halse auf Einmannbooten. Erstens wirkt sich der Seitenwechsel des Großsegels stärker auf das Kursverhalten des Bootes aus. Der Steuermann muß den Seitenwechsel nach Luv schon vollzogen haben, wenn das Großsegel auf der neuen Leeseite in die Schot schlägt. Zweitens wird die Halse gesteuert. Der Großbaum wird nicht während eines geraden Kurses geschiftet, sondern man fällt ab, bis die Lattentaschen des Großsegels umklappen. Während des Seitenwechsels des Großbaumes fällt der Steuermann wieder ab, um den Rumpf unter das Großsegel zurückzusteuern. Ein weiterer wichtiger Grund für die unterschiedlichen Halsen scheint in der Segelform der Großsegel von Einmannbooten begründet zu sein. Vergleicht man die Halse einer Contender mit der eines Finn oder eines Laser, so fällt auf: Die Contender mit ihrem schmalen und hohen Großsegel wird fast wie ein Zweimannboot geschiftet.

Die Halse auf dem Laser ist aufgrund der englischen Schotführung besonders schwierig. Fährt man eine „normale" gesteuerte Halse, hängt ständig die Großschot unter der Ecke des Spiegels. Bei Leichtwind unterstützt man daher die Halse mit einer recht star-

Halsen mit dem Laser. Der Steuermann fällt stark über den Vormwind-Kurs hinaus ab, bis das Segel am Achterliek umklappt. Das Boot wird zusätzlich weiter nach Luv gekrängt.

Im Moment, in dem das Großsegel schiftet, zieht der Steuermann fest an der Schot. Auf diese Weise bleibt sie nicht unter der Spiegelecke hängen.

Der Seitenwechsel des Steuermanns ist bereits vollzogen, wenn das Großsegel in Lee anschlägt.

ken Rollbewegung, um die Großschot zu spannen. Während des Schiftens des Großsegels reißt man an der Schot. Sie schlägt dadurch hoch und fliegt über die Ecke des Spiegels hinweg. Zieht man allerdings zu stark, kann sich die Schot um die Großbaumnock wikkeln. Hier hilft dann nur noch in den Wind zu schießen, und die Schot wieder abzuwickeln. Bei mehr Wind macht eine andere Tatsache Schwierigkeiten. Die Baumnock steht bei dem Laser sehr tief. Um zu verhindern, daß der Großbaum bei der Halse ins Wasser schlägt, muß man schon im Moment des Bugwechsels auf der neuen Luvseite sitzen. Sonst ist eine Kenterung unabwendbar.

Die Halse auf Booten mit mehr als zwei Mann Besatzung

Auch hier ändert sich im Prinzip nichts am Manöver. Die stärkere Aufgabenverteilung erleichtert es allerdings erheblich. Gehen wir einmal von einem Dreimannboot aus. Der Vorschiffsmann stellt sich auf die Leeseite des Mastes. Er kann so den Spibaum besser in die Schot einpicken. Am Ende des Manövers, wenn der Spibaum schon wieder unter Druck steht, kann er ihn, an den Mast angelehnt, besser am Mastbeschlag befestigen. Er greift die durch die dichten Barberhauler nach unten gezogene Leespischot. Der Mittschiffs-

mann fährt den Spinnaker und der Steuermann das Groß. Während der Steuermann leicht abfällt, löst der Vorschiffsmann den Spinnakerbaum am Mast und befestigt ihn an der Spischot. Während das Großsegel geschiftet wird, zieht der Mittschiffsmann den Spinnaker auf die neue Luvseite, also in den freien Wind. Noch während der Druck im Spinnaker gering ist, schiebt der Vorschiffsmann die luvseitige Spibaumnock nach vorne zum Schothorn, löst den Spibaum in Lee und befestigt die Leeseite am Mast. Steuert der Steuermann in dieser letzten Phase des Manövers zu hoch, kommt so viel Druck auf den Spibaum, daß es für den Vorschiffsmann nahezu unmöglich ist, den Spibaum am Mast zu befestigen. Je größer die Mannschaft, um so schwieriger ist die Koordination und desto mehr muß das Manöver geübt werden.

Die Halse mit Doppelspischoten
Ist der Spinnaker sehr groß, läßt sich die beschriebene Halse wegen der zu großen auftretenden Kräfte am Spibaum nicht mehr durchführen. Um auch mit einem großen Spinnaker ein sicheres Manöver durchführen zu können, werden zwei Schoten an jedes Schothorn angeschlagen. Eine davon wird nur in Luv benutzt: der Achterholer, in den auch der Spibaum eingepiekt wird; eine nur in Lee: die Spinnakerschot. Man hat also jeweils zwei Schoten ohne Funktion. In der Halse wird der Spi nur mit den Schoten gefahren. Die beiden Achterholer sind lose. Der Spibaum wird vom alten

Noch ist die Pinnenhand nicht gewechselt, der Steuermann steuert noch hinter dem Rücken. Bei Leichtwindbedingungen kann man die Pinne für den Handwechsel kurz loslassen.

Zieht man bei der Halse zu stark an der Schot, fliegt sie sehr hoch und wickelt sich um die Großbaumnock. Das wieder zu beheben kostet viel Zeit.

Achterholer gelöst und in den neuen eingepiekt. Der Vorschiffsmann kann den Spibaum sicher schiften, und das Manöver muß nicht punktgenau abgestimmt sein. Gerade dieses Vorgehen empfiehlt sich für nicht so sichere Crews, die sich sonst Spinnakermanöver nicht zutrauen würden.

Der Manöverablauf der Raum-auf-Raum-Halse

Noch auf dem Raumgang zieht der Steuermann die Fock back und der Vorschoter den Leebarberhauler

Schiften mit doppelten Schoten. Der Vorschiffsmann hat den Achterholer der neuen Luvseite in der Hand. Mit der Reißleine wird er den Spibaum vom alten Achterholer lösen.

Man sieht, daß der Spinnaker nur mit den beiden Spischoten gefahren wird. Der Vorschiffsmann verbindet den neuen Achterholer mit dem Spibaum.

Der Spibaum wird wieder auf die alte Höhe angetoppt.

Jetzt kommt der Luvachterholer steif, und die Spischot wird in Luv gelöst.

dicht. Während des Abfallens kommt der Vorschoter aus dem Trapez und der Steuermann setzt sich nach Lee. Während der Steuermann den Spinnaker auf die neue Leeseite zieht, schiftet der Vorschoter das Großsegel, löst den Spibaum und den ehemaligen Luvbarberhauler. Der Rest des Manövers gleicht dem einer Vormwind-Halse, nur daß der Spinnaker nicht vor dem Schiff gefahren wird, sondern in Lee in seiner Raumschotsposition steht. Dadurch, daß der Spibaum von der Schot gelöst ist, kann der Steuermann den Spi in Lee ganz normal dicht ziehen, ohne daß der Spibaum am Want anschlägt und blockiert. Da kein

1

2

3

1 *Die Raum-auf-Raum-Halse. Kurz vor der Halse zieht der Steuermann die Fock back, während der Vorschoter den Lee-Barberhauler dicht nimmt.*

2 *Der Steuermann bereitet den Wechsel auf die neue Luvseite vor.*

3 *Während der Steuermann die Leeschot von der neuen Seite aus hält, schiftet der Vorschoter das Großsegel am Baumniederholer. Mit der Luvhand zieht er den Spibaum nach hinten und löst ihn so von der alten Luvschot.*

4 *Während der Steuermann die Leeschot fährt, wird der Spibaum vom Vorschoter auf der neuen Luvseite und in der Spischot befestigt. Die Luvschot wird durch das Barberhaulersystem fixiert und muß nicht aus der Hand gefahren werden.*

4

93

Druck mehr auf dem Spibaum lastet, ist weiterhin das Lösen vom Mast erleichtert.

Beim Dickschiff kommt es in diesem Manöver vor allem auf das gute Zusammenspiel von Vorschiffsmann und Spifahrer an. Es bedarf einiger Übung, damit der Vorschiffsmann den Spibaum auf der neuen Luvseite im richtigen Moment im Mastbeschlag einpicken lernt. Er muß dies schaffen, bevor wieder voller Druck im Spi ist und das Schiff auf einem raumen Kurs segelt. Danach hat er praktisch keine Chance mehr. Der Spifahrer darf die neue Luvschot nicht zu dicht fahren, um dem Vorschiffsmann mit dem Spibaum eine Chance zu geben, und der Steuermann muß darüber hinaus das Steuern im Manöver auf seine Crew abstimmen. Steuert er die Halse zu eng, kann er das ganze Manöver zunichte machen.

Der Manöverablauf der Spitz-auf-Spitz-Halse

Muß man, aus taktischen Gründen, nach der Halse Höhe fahren, zieht der Vorschoter den Spinnaker herum. Der Steuermann schiftet das Großsegel, hängt sich in die Ausreitgurte und fährt so viel Höhe wie eben möglich (auf jeden Fall aber höher als auf einem normalen Spikurs). Der Vorschoter „baut den Spibaum um", nimmt sich die Leeschot und geht so bald wie möglich ins Trapez. Während dessen fällt der Steuermann auf den Spikurs ab, und der Vorschoter bringt den Spi zum Stehen. Unbedingte Grundvoraussetzung für das Gelingen dieses Manövers ist, daß die Luvschot des Spinnakers dicht bleibt. Würden nämlich beide Schoten ausrauschen, käme der Spinnaker neben dem Schiff zum Stehen, und das Boot würde unweigerlich kentern.

Die Wende

Wie bei allen anderen Manövern, hängt auch hier die Durchführung sehr stark von der jeweiligen Bootsklasse ab. Es sollen hier die Besonderheiten der Wende im Ein- und Zweimannboot sowie auf größeren Schiffen beschrieben werden.

Die Wende auf einer Einmannjolle
Bei Einmannbooten mit ihrem geringen Rumpfgewicht und der großen Segelfläche ergeben sich besondere Schwierigkeiten. Das Boot verliert in der Wende

sehr schnell seine Fahrt und muß daher sofort in gestreckter Ausreitposition auf dem neuen Bug gesegelt werden. Wie sich der Manöverablauf mit zunehmendem Wind verändert, beschreiben wir anhand der Wende mit dem Laser.

Die Rollwende bei Leichtwind
Bei Leichtwind ist es oberstes Ziel, die Fahrt im Schiff zu behalten. Um das zu erreichen, wird das Boot durch die Wende gerollt. Es wird dafür noch auf dem alten Kurs weich nach Luv gekrängt und nach dem Bugwechsel gerade gezogen. Man erhält so während der Wende den Druck im Segel, und der Fahrtverlust wird verringert. Weiterhin werden die Wenden in einem relativ weiten Bogen gesteuert, um nicht durch unnötige Ruderlage Fahrt zu verlieren und zusätzlichen Raumgewinn nach Luv zu machen.

Der Bewegungsablauf
Man fährt das Boot bei Leichtwind mit leichter Leekrängung. Während der Steuermann weich anluvt, wird das Boot aus dieser Leekrängung heraus langsam nach Luv gezogen. Um die Rollbewegung optimal in Vortrieb umsetzen zu können, muß sie etwa zu zwei Dritteln mit voll stehenden Segeln ausgeführt werden. Der Steuermann bleibt so lange auf der neuen Leeseite, bis das Großsegel wieder voll steht. Erst jetzt kommt er nach Luv und zieht damit das Boot auf dem neuen Bug langsam gerade.

1 *Die Wende wird genau auf der Welle begonnen. Das Boot kann so besser drehen.*

2 *Der Steuermann legt weich Ruder und zieht das Boot nach Luv.*

3 *Das Segel steht noch, während das Boot anluvt und weiter auf die neue Leeseite gekrängt wird.*

4 *Der Steuermann taucht bei ausreichender Krängung unter dem Segel durch.*

5 *Während er sich beim Seitenwechsel umdreht, legt er die Pinne neben sich auf Deck und läßt sie los.*

6 *Während er in den Gurt rutscht, greift er hinter sich den Ausleger.*

1

2

4

5

6

Um während des Bugwechsels besser steuern zu können, läßt man bei weniger Wind den Ausleger nicht los.

Ein häufiger Fehler ist es, die Rollbewegung ins Leere gehen zu lassen, das heißt das Boot dann zu rollen, wenn es mit killenden Segeln gerade gegen den Wind fährt. So kommt es zu keinerlei Geschwindigkeitszuwachs.

In der Rollwende bei Leichtwind ist es sinnvoll, den Handwechsel erst nach der Wende zu vollziehen, um in der ganzen Wende gefühlvoll steuern zu können.

Bei zunehmendem Wind wird die Rollbewegung weiter abgebaut, bis das Boot bei starkem Wind möglichst waagerecht durch den Wind gesteuert wird. Der Seitenwechsel des Steuermanns wird gleichzeitig immer weniger verzögert. Der Luvbogen, den man in der Wende steuert, wird immer kleiner, weil bei mehr Wind die bremsenden Kräfte zunehmen. Die Wende wird mit zunehmender Windstärke immer schneller gefahren, um die Zeit, in der das Boot ohne Antrieb fährt, möglichst kurz zu halten.

Die Wende bei starkem Wind

Bei Starkwind hängt alles von der Geschwindigkeit im Manöver ab. Wie schon gesagt, verlieren Einmannboote schnell ihre Fahrt. Reißt aber die Strömung durch zu geringe Fahrt am Schwert ab, beginnt das Boot seitlich abzutreiben und ist sehr schwer wieder in Fahrt zu bringen. Oberstes Gebot ist es deshalb, die Fahrt im Boot zu halten. Während der Steuermann aus dem gestreckten Ausreiten heraus stark anluvt, dreht er sich mit dem Oberkörper nach vorne und taucht seitlich ins Cockpit. Bevor er auf der neuen Luvseite in den Gurt rutscht, legt er den Ausleger auf Deck. Nach dem Rausgehen greift er den Ausleger von neuem. Der Steuermann kann in diesem Fall, nach der Wende, sofort gestreckt ausreiten und damit das Boot schneller segeln, als wenn er weiter hinter seinem Rükken steuern müßte. Ziel sollte es sein, die Wende bei Starkwind so schnell auszuführen, daß das Großsegel

Der Steuermann muß daher hinter seinem Rücken weiter steuern und kann nicht so weit draußen ausreiten.

während des Bugwechsels nur einmal umschlägt. Das kann nur mit einem optimalen Bewegungsablauf erreicht werden, der oft geübt worden ist.

Die Wende auf einer Zweimannjolle

Um ein optimales Manöver zu erzielen, muß die Mannschaft synchron arbeiten. Es sind zwei Varianten zu besprechen: Der Vorschoter kann mit dem Rücken zum Mast oder mit dem Gesicht zum Mast wenden. Beide Varianten haben ihre Vor- und Nachteile. Die Wahl hängt unter anderem vom Ausbau des Bootes ab. **Die Wende mit dem Gesicht nach vorne** ist die klassische Variante. Während der Vorschoter die Seite wechselt, kann er den Bugwechsel der Fock beobachten und sie daher besser in der Wende fahren. Der Schwerpunkt des Mannschaftsgewichts zentriert sich am Tra-

veller. Das bringt Vorteile beim Wenden in der Welle mit sich, da Bug und Heck entlastet werden. Die Fockklemmen müssen weiter vorne angebracht sein, um einen reibungslosen Bewegungsablauf zu ermöglichen. Dies bringt immer dann Nachteile, wenn der Steuermann die Fock fahren soll. Er hat bei der Vorbereitung zur Halse, wenn er die Fock back zieht, die Fockklemmen nicht in seiner unmittelbaren Reichweite und muß sehr weit nach vorne greifen, um sie zu bedienen. Er kann daher vor der Halse nicht immer konzentriert steuern, was ein gewisses Risiko in sich birgt. Zusätzlich braucht der Vorschoter mehr Schritte beim Seitenwechsel.

Bei der **Wende mit dem Rücken nach vorne** werden zwei Schritte weniger für den Seitenwechsel benötigt. Die Fockklemmen sollten hier weiter hinten angebracht sein, damit der Vorschoter die Fockschoten beim Seitenwechsel besser greifen kann. Die Nachteile

5

4

1 *Die Wende mit dem Gesicht nach vorn. Während das Boot in einer weichen Rollbewegung nach Luv gekrängt wird, löst der Vorschoter die Fockschot. Der Steuermann führt den Ausleger nach hinten.*

2 *Während der Steuermann aufsteht und den Ausleger hinten herum nach Luv nimmt, wartet der Vorschoter in Lee, um die Krängung zu verstärken.*

3 *Erst wenn die Fock ganz auf der neuen Leeseite ist, kommt der Vorschoter nach Luv.*

4 *Beide ziehen das Boot synchron und weich gerade. Die Fock bleibt etwas gefiert, um das Boot schneller wieder Fahrt aufnehmen zu lassen. Der Steuermann steuert dabei noch hinter seinem Rücken.*

5 *Der 470er kippt nach vorne und beschleunigt. Der Steuermann vollzieht als letztes den Handwechsel.*

sind, daß man die Fock nicht beobachten kann und das Mannschaftsgewicht nicht optimal in der Bootsmitte zentriert ist. Viele Regattasegler formulieren es allerdings genau andersherum. Sie vertreten die Meinung, daß der Vorschoter beim Seitenwechsel das Boot in seiner Drehbewegung unterstützt, indem er das Vorschiff des Bootes auf dem Weg zur neuen Luvseite nach Lee tritt. Er spart dadurch bremsende Ruderlage.

Auch zur **Handhabung des Trapezes** in der Wende gibt es verschiedene Ansichten. Wir meinen, daß das Wenden am Griff die größte Schnelligkeit im Manöver bietet. Der Vorschoter steht schon kurz vor der Wende am Griff im Trapez. Nach dem Bugwechsel auf der neuen Luvseite nimmt er sich nur den Griff. Nachdem er draußen am Griff hängend die Fock endgültig dichtgenommen hat, hakt er sich in den Trapezhaken. Man erreicht so einen schnelleren Seitenwechsel, und das

Einhaken, während man noch auf dem Tank sitzt, fällt als Fehlerquelle weg. Allerdings bringt das Einhaken im Trapez zusätzliche Unruhe im letzten Teil der Wende. Wie auf den Bildern zu sehen, kann auch die andere Art, ins Trapez zu gehen, optimal funktionieren, und es wäre sicher falsch, dieser Mannschaft zu große Änderungen in ihrem Bewegungsablauf zu empfehlen.

Die Aufgabe des Steuermanns

Er hat die Geschwindigkeit des Bugwechsels buchstäblich in der Hand. Er muß sich beim Steuern der Wende auf die Geschwindigkeit seines Vorschoters einstellen. Es hat keinen Zweck, die Wende extrem eng zu steuern und damit dem Vorschoter jede Chance zu nehmen, rechtzeitig mit dem neu einsetzenden Winddruck im Trapez zu stehen. Der Steuermann sollte den Seitenwechsel in einem Tempo vollziehen, das es ihm erlaubt, ständig voll konzentriert zu steuern.

2

1

Der Vorschoter dagegen ist für die Kontrolle der Bootskrängung verantwortlich. Bei Leichtwind verzögert er etwas in Lee, um dem Boot die nötige Krängung für die Rollwende zu geben. Bei Starkwind sollte er so spät wie möglich, mit dem Nachlassen des Winddrucks, während des Anluvens reinkommen. Um das Boot nach dem Bugwechsel gerade zu halten, überholt er seinen Steuermann beim Seitenwechsel und steht schon im Trapez, wenn der Steuermann sich in den Gurt rutschen läßt.

Beim Seitenwechsel des Steuermanns muß der Ausleger auf die andere Seite geführt werden. Nimmt man den Ausleger hinten durch, kann man während des ganzen Manövers mit geringer Ruderlage steuern. Steckt man ihn vorne durch, legt man automatisch zu viel Ruder, und die Wende wird zu eckig. Die gängigen Ausleger in modernen Zweimannjollen sind so lang, daß sie nur bei maximaler Ruderlage an der Großschot vorbeigeführt werden können.

Die Wende auf Kielschiffen

Der Unterschied zwischen einer Wende in einem Zweimannboot und einem Kielschiff ist nicht allzu groß. Die Mannschaft muß sich nur über den Unterschied in der Masse der Schiffe im klaren sein. Je schwerer ein Schiff ist, desto länger behält es seinen Schwung in der Wende, desto träger verhält es sich beim Bugwechsel. Das heißt: Die Wenden müssen mit einem weiten Bogen gefahren werden, um das Schiff im Manöver nicht zu stark abzustoppen. Weiterhin kann ein schweres Schiff nach einer Wende nicht wieder so schnell anspringen, es muß daher beim Kreuzen vermieden werden, zu viele Wenden hintereinander zu fahren. Um möglichst schnell wieder optimale Geschwindigkeit zu erreichen, wird auf dem neuen Bug tiefer als der „normale" Kreuzkurs gesteuert, und die Segel werden entsprechend gefiert. Während das Schiff wieder Fahrt aufnimmt, luvt man auf den normalen Kreuzkurs an und nimmt die Segel dicht.

Da mehrere Mannschaftsmitglieder an Bord sind, können die Aufgaben in der Wende besser verteilt werden. Ein Crewmitglied bedient während der Wende die Genua. Er löst beim Anluven die Leeschot, wenn die Genua etwa zu zwei Dritteln eingefallen ist und keinen Vortrieb mehr bringt. Nachdem das Schiff über Stag gegangen ist, stellt er sie auf der neuen Leeseite wieder ein.

Tip
Die Winschenbedienung ist eine häufige Fehlerquelle im Manöver: Die Schot sollte auf der alten Leeseite ganz von der Winsch heruntergenommen werden und immer frei laufen. Man stellt so sicher, daß die Genua auf der neuen Seite schnell dicht genommen werden kann.

Beim anfänglichen schnellen Dichtnehmen ohne Druck in der Genua sollte die Schot nicht zu oft um die Winsch gelegt werden (maximal zwei Wicklungen genügen), um Überläufer zu vermeiden.

Ein Crewmitglied bedient die Backstagen, wenn vorhanden, und der Skipper steuert die Wende und fährt den Traveller. Die Schwierigkeit für den Steuermann ist es, die zweite Hälfte der Wende synchron mit dem Seitenwechsel der Genua zu steuern. Erst wenn die Genua fast dicht ist, darf sie wieder vollständig stehen. Ab etwa vier Mann Besatzung ist es unerläßlich, das Manöver durch Kommandos einzuleiten und zu koordinieren, um wirklich gutes Timing zu erreichen.

Besonderheiten der Wende bei Welle
Bedingungen mit bremsender Welle stellen bei der Wende hohe Anforderungen an die Mannschaft. Die Wende muß eingeleitet werden, kurz bevor das Boot den höchsten Punkt der Welle erreicht hat. Hier sind Bug und Heck maximal entlastet, und die Drehbewegung des Rumpfes wird am wenigsten gebremst. Die Wende muß so schnell gefahren werden, daß der Bugwechsel vollzogen ist, bevor das Boot in die nächste Welle hineinfährt. Nur so hat es für die kommende Welle schon wieder genügend Schwung.

Dies ist der ideale Zeitpunkt für eine Wende. Da der Bug frei herauskommt, verliert man weniger Fahrt.

Kentern und Aufrichten

Nun ist es geschehen, das Boot ist bei starkem Wind gekentert, und man winkt seine Kokurrenten langsam, aber sicher durch. Was für Möglichkeiten habe ich, um ein Boot so schnell und mit so wenig Kraftaufwand wie möglich wieder aufzurichten?

Bei einer Kenterung muß der Vorschoter blitzschnell reagieren. Er muß sich aus dem Trapez aushaken, noch bevor der Mast flach auf dem Wasser liegt. Sonst steht er eingehakt auf der Scheuerleiste und fällt unweigerlich ins Segel. Um das Durchkentern zu verhindern, geht er so schnell wie möglich auf das Schwert. Bevor man versucht, das Boot aufzustellen, müssen immer alle Schoten und der Baumniederholer gelöst werden. Sonst kann das Segel beim Aufrichten dem Winddruck nicht genügend ausweichen, und das Boot kommt nicht hoch. Während sich das Boot aufrichtet, muß die Mannschaft im richtigen Moment einsteigen. Und zwar so früh, daß sie nicht im Wasser schwimmt, und so spät, daß das Boot nicht wieder zurückkentert. Um Zeitpunkt und Bewegungsablauf genau zu kennen und zu beherrschen, bedarf es einiger Übung. Es ist hierfür sicher sinnvoll, absichtlich zu kentern und das Aufrichten bewußt zu üben.

Ist das Boot unter Spinnaker gekentert, muß er als erstes aus dem Wasser gezogen oder geborgen werden. Der Spinnaker füllt sich sonst mit Wasser, was das Aufrichten nahezu unmöglich macht und das Segel oft einreißen läßt. Meist bleibt der Steuermann auf dem Schwert, um das Boot am Durchkentern zu hindern, und der Vorschoter springt ins Wasser, wenn der Spinnaker geborgen werden muß. Für das eigentliche Aufrichten gibt es zwei Möglichkeiten:

Die Variante für leichtere Mannschaften

Alle gekenterten Jollen richten sich quer zum Wind aus, so daß das Boot gegen den Winddruck im Segel aufgerichtet werden muß. Für einen leichten Steuermann ist es daher manchmal unmöglich, das Boot ohne Hilfe aufzurichten. Dafür schwimmt der Vorschoter zum Bug, hält sich am Vorstag fest und bildet so einen Treibanker, der das Boot im Wind ausrichtet. Der Steuermann muß das Boot jetzt nicht mehr gegen den Winddruck aufrichten. Zusätzlich greift der Vorschoter das Vorstag nicht unten am Beschlag, sondern etwa einen Meter höher. So wird er, während das Boot hochkommt, aus dem Wasser herausgezogen und befindet sich danach auf Deck des aufgerichteten Bootes. Es entfällt das kräftezehrende Hineinklettern, und man kann wesentlich schneller weitersegeln.

Die Variante für schwerere Mannschaften

Ist der Steuermann in der Lage, das Boot auch gegen den Winddruck aufzurichten, muß die Jolle nicht vorher in den Wind gedreht werden. Der Vorschoter kann nach dem Bergen des Spinnakers im Cockpitbereich bleiben, was zusätzlich Zeit spart. Er hält sich an den Ausreitgurten fest und läßt sich beim Aufrichten in das Boot ziehen. Da das Boot beim Aufrichten in den Wind schießt, ist es gut, ein Mannschaftsmitglied auf jeder Seite des Bootes zu haben. Die Schwimmlage wird dadurch stabilisiert und das Boot am erneuten Kentern gehindert. Auch dabei erspart sich der Vorschoter das Hineinklettern ins Boot.

Der Vorschoter hält das Boot wie einen Treibanker im Wind. Der Steuermann kann es so leichter aufrichten.

Während der Steuermann das Boot aufrichtet, hält sich der Vorschoter relativ weit oben an der Fock fest.

Der Vorschoter läßt sich auf das Vordeck hebeln und erspart sich das mühevolle Hineinklettern.

Der Vorschoter hängt sich in Lee in den Ausreitgurt, um den Schwung des sich aufrichtenden Bootes zu bremsen. Während des Aufrichtens dreht sich das Boot in den Wind.

Der Steuermann klettert frühzeitig ins Boot, solange das Schwert noch nahezu horizontal liegt und als „Trittbrett" dienen kann.

Das Boot schwimmt mit je einem Crewmitglied auf jeder Seite stabil und flach auf dem Wasser. Das Spinnakerfall wurde gefiert, um das Aufrichten zu erleichtern.

Spezielle Aspekte beim Aufrichten einer Einmannjolle

Kentern Einmannboote, die durch ihren großen Auftrieb seitlich hoch aufschwimmen, nach Lee, bieten sie dem Wind eine große Angriffsfläche. Sie treiben dadurch im Bogen um den liegenden Mast nach Lee. Richtet man jetzt das Boot auf, greift der Wind sofort unter das Segel. Es wird geradezu hochkatapultiert. Während man vom Schwert in das Boot zu steigen versucht, kentert es sofort auf die andere Seite, und das ganze Spiel fängt wieder von vorne an. Andererseits dauert das Aufrichten gegen den Winddruck, gerade auf Booten mit viel Segelfläche, oft viel zu lange. Als Letztes kommt noch hinzu, daß auf Einmannjollen viele Kenterungen nach Luv erfolgen. Da in diesem Fall nur der Mast auf das Wasser aufschlägt, kentert das Boot sofort durch, während es bei der Leekenterung auf seinem flachgelegten Segel liegen bliebe

Die „San Francisco-Rolle" im Einmannboot

Bei entsprechendem Wind ist sie die beste Art des Aufrichtens. Aus der durchgekenterten Position richtet man das Boot so auf, daß der Mast in Luv vom Boot auf dem Wasser liegt. Man nützt den Wind bewußt, um das Boot aufzurichten. Jetzt versucht man gar nicht erst in das Boot zu kommen, sondern hält sich unter Wasser am Schwert fest. Während das Boot oben wieder kentert, dreht man sich auf die neue Oberseite des Schwertes. Nun kann man ohne Probleme auf der Luvseite vom Schwert in das Boot einsteigen. Vorsicht ist

Die „San-Francisco-Rolle". Er hat das Boot so aufgerichtet, daß der Mast in Luv vom Boot liegt. Der Wind greift jetzt unter das Segel und hilft beim Aufrichten.

Während sich das Boot aufrichtet, klettert er nicht hinein, sondern bleibt unter Wasser am Schwert.

Während das Boot aufrecht schwimmt, dreht sich der Steuermann, unter Wasser, auf die andere Seite des Schwertes.

Das Boot kentert von neuem und hebelt den Steuermann auf dem Schwert aus dem Wasser. Er steigt auf das Schwert und klettert in das Boot, während es sich aufrichtet.

allerdings geboten, wenn man bei etwas weniger Wind gekentert ist. Reicht der Winddruck nicht aus, um das Boot während der Rolle wieder umzublasen, verhungert man regelrecht unten am Schwert.

Die San Francisco-Rolle kann auch auf Zweimannbooten angewendet werden. Der Vorschoter bleibt dabei, wie beschrieben, am Schwert, der Steuermann steigt ganz normal vom Schwert ins Boot.

Das Bootshandling in der Regatta

Regattasegeln besteht, neben der Taktik, zu einem großen Teil aus einer möglichst optimalen Bootsbeherrschung. Wie kann man die besprochenen Segeltechniken und Bewegungsabläufe in einer Regatta optimal einsetzen und welche speziellen Regattamanöver gibt es? In diesem Kapitel sollen Antworten darauf gegeben werden. Wir gehen dabei in der Chronologie einer Wettfahrt vor und konzentrieren uns auf den Start und die Bahnmarkenmanöver.

Der Start

Zunächst einmal muß die begünstigte Seite gefunden werden, und zwar nicht erst zehn Minuten vor dem Schuß, sondern kurz bevor eine Position an der Linie gesucht wird. Dazu muß die Windrichtung möglichst genau gepeilt werden (auf die Angaben der Wettfahrtleitung sollte man sich auf keinen Fall verlassen). Man geht dazu in den Wind, läßt das Boot dabei fast auslaufen und korrigiert mit der Pinne noch ein bißchen nach, um die tatsächliche Windrichtung auch wirklich zu treffen. Zwischendurch wird der Kompaß abgelesen. Vorher ist die Peilung der Startlinie bestimmt worden, indem diese abgesegelt wurde, was übrigens ein gutes Gefühl für die Position der Linie selbst geben kann. Die weniger routinierten Starter halten sich aus falscher Vorsicht häufig zu weit hinter der Linie auf.

Auch eine andere, simplere Methode kann zur Anwendung kommen: Das Schiff wird die Linie entlang gesegelt und dabei das Großsegel optimal eingestellt. Jetzt wird gerundet, die Schot dabei in der Klemme gelassen und in die entgegengesetzte Richtung gesteuert. Zeigt das Segel ein leichtes Killen, fährt man in Richtung auf die bevorteilte Seite. Steht es sehr gut und läßt sich sogar noch etwas weiter fieren bis zur Optimalstellung, fährt man auf die benachteiligte Seite der Startlinie zu.

Die meisten Segler versuchen, am Schiff zu starten, weil sie dort gegenüber den anderen eher Wegerecht haben und sich durch einen Schlag nach rechts freisegeln können. Einige Tips helfen weiter, sich auch vor dem größten Pulk nicht fürchten zu müssen und die optimale Stelle an der Linie einzunehmen.

Auf Position halten

Wer in einem mehr oder weniger großen Feld besser starten will, sollte in der Lage sein, sein Boot auf der Stelle zu halten. Sonst ist nur ein passives Mitstarten möglich, und man kann Positionen direkt an der Tonne, am Startschiff oder in einem engen Pulk nicht erfolgreich verteidigen. Um dies einzuüben, braucht man nur eine feste Tonne irgendwo auf dem Wasser. Man legt sich auf Backbordbug in Lee daneben und versucht, auf der Stelle zu bleiben. Darauf versucht man es auch in Luv. Das Segel, auf Zweimannbooten das Großsegel, bleibt sehr weit aufgefiert und der Baumniederholer ganz lose. Das Boot liegt ungefähr so zum Wind wie auf einem Amwind-Kurs und ist nach Luv gekrängt. Das Ruder ist relativ weit eingeschlagen. Nun wird die Schot so weit dichtgenommen, daß das Boot Fahrt aufnehmen will, vom eingeschlagenen Ruder aber sofort in den Wind und damit nach Luv gesteuert wird.

Die Fock wird zur Unterstützung eingesetzt, um das In-den-Wind-Schießen zu vermeiden. Sie bleibt bei leichtem Wind ganz gefiert, bei stärkerem Wind zieht sie so den Bug nach Lee und muß jetzt etwas dichtgenommen bleiben, immer aber weniger als das Großsegel, mit dem die eigentliche Arbeit erfolgt. Kleinere Korrekturen mit dem Ruder (Wriggbewegungen) sind zwar nicht erlaubt, aber sehr hilfreich. Die Abstimmung an Bord, wer mit welchem Segel korrigiert, ist vor allem beim Üben sehr wichtig. Einhandboote, wie das Finn oder die OK-Jolle, scheinen für das Auf-Position-Halten wie geschaffen.

Wende aus dem Stand

Aus einer Position ohne oder mit nur sehr geringer Fahrt eine Wende zu machen, kann am Start nötig sein, um eine nach Luv entstandene Lücke zu schließen oder um sich immer direkt unter einen Konkurrenten legen zu können. Man hat so am Start Leeweg zum Fahrtaufnehmen zur Verfügung. Leichte Jollen werden dazu mit Schwung nach Luv überkrängt, das Ruder hart eingeschlagen und das Großsegel dichtgenommen, eventuell über die Mittschiffslinie hinaus. Die Fock kann kurz back stehenbleiben, um die Drehbewegung zu unterstützen. So ist eine schnelle Wende aus dem Stand möglich. Meistens muß im Startgewühl noch eine zweite gleich darauf absolviert werden, um wieder auf Backbordbug, den Startbug, zu kommen. Wenn es einmal mit der Startposition nicht so geklappt hat, aber die Wende in den freien Wind schnell kommen muß, ist diese Technik ebenfalls hilfreich.

Einstoppen des Bootes

Wir kommen mit hoher Fahrt auf eine Lücke im Feld der aufgereihten Boote an der Linie zu, und die Zeit bis zum Schuß ist knapp. Kein Problem, wenn wir jetzt den Großbaum kurz und hart nach Lee hinausdrücken, sobald das Schiff nach dem Eindrehen in die Lücke etwa auf Amwind-Kurs liegt. Das funktioniert auch auf kleineren Kielbooten sehr gut, hier sollten gleich mehrere Crewmitglieder mit anpacken.

Punkttiming

Das „Anziehen" im richtigen Moment ist natürlich entscheidend dafür, ob wir auf die Sekunde genau die Startlinie passieren und mit wieviel Fahrt wir dies tun. Große Boote verlangen ein früheres Dichtnehmen der Schoten, kleinere Boote lassen sich schneller beschleunigen. Für alle Boote lohnt sich ein Einüben des rich-

Selbst in kleinen Feldern ist es mitunter schwer, sich einen Platz in der ersten Reihe zu sichern, wenn damit nicht frühzeitig begonnen wird.

tigen Timings bei verschiedenen Windstärken: Wir fahren mit einem Boot von einer festliegenden Tonne eine bestimmte Zeit lang weg und versuchen, die Tonne in der gleichen Zeit wieder zu erreichen. So bekommen wir schon ein gutes Gefühl für die Geschwindigkeit und den zurückgelegten Weg. Als nächstes probieren wir, aus einer Warteposition mit killenden Segeln die Tonne in einer vorher festgelegten Zeit zu erreichen. Jetzt sind wir den Bedingungen beim Start einer Wettfahrt schon recht nahe und beherrschen wichtige Grundvoraussetzungen zu einem guten Start.

Beschleunigen und Freifahren

Die Wind- und Wellenbedingungen während der Startphase erschweren das Anfahren und Beschleunigen im Vergleich zum nachfolgenden Kurs. Die Welle ist ungleichmäßig und zerfahren, der schralende Wind ist etwas schwächer und natürlich zwischen vielen Booten oder gar hinter ihnen besonders schwach. Da reicht es nicht aus, einfach die Schoten dichtzunehmen und auf den optimalen Amwind-Kurs abzufallen. Wir müssen darauf mit solchen Trimmaßnahmen reagieren, die eine bessere Beschleunigung ermöglichen und sich

Beim Starten helfen runder gefahrene Segel, mehr Kraft für die notwendige Beschleunigung und eine gute Höhe zu entwickeln.

nach dem Start schnell wieder rückgängig machen lassen. Beispielsweise das Segel durch die folgenden Maßnahmen runder zu machen:

1. Unterliek etwas kommen lassen.
2. Cunningham loser fahren.
3. Mast gerader fahren (Achterstag loser fahren, beziehungsweise Kontroller anziehen und damit das Achterliek schließen).
4. Fockholepunkte etwas nach vorn, um die Fock runder zu machen.
5. Schoten dichter fahren.

Wir werden so eine gute Höhe fahren können, bei möglicherweise etwas verringerter Geschwindigkeit. Aber dies ist optimal, um erst einmal die Konkurrenz in Luv in Bedrängnis zu bringen und sich von Booten in Lee nicht hochluven zu lassen. Sind wir frei, fahren wir wieder den optimalen Amwind-Trimm und -Kurs.

Die Technik des Anfahrens aus dem Stand

Wie komme ich am besten von Null auf Höchstfahrt? Wir gehen davon aus, daß wir eine möglichst große Lücke bis kurz vor dem Startschuß ausgefüllt haben

Hier wird zu eng an der Tonne gestartet, wenngleich diese Seite der Startlinie bevorteilt scheint. Das Boot links neben der Tonne kann die Linie noch knapp anliegen, das Schiff rechts neben der Tonne schon nicht mehr.

Links: Nach dem Startschuß: Die Boote an der Tonne haben gewendet und liegen jetzt gut in Luv. Durch die gegenseitige Behinderung jedoch ist der Pulk gegenüber frei in der Nähe gestarteten Konkurrenten (linker Bildrand im Hintergrund) schon weit zurück.

und uns in der letzten halben Minute vor dem Schuß konsequent nach Luv unter unseren nächsten Konkurrenten gearbeitet haben, um beim Start nach Lee Raum zu haben, um abzufallen und schneller beschleunigen zu können. Direkt aus dem Stand anzufahren bedeutet, alle Mittel einzusetzen, die das Fahrtaufnehmen unterstützen. Mit Ruderhilfe wird das Boot zunächst schnell auf Amwind-Kurs gebracht; wenn Platz nach Lee ist, noch etwas darunter. Die Crew hat die Segel nicht ganz dichtgenommen und

krängt das Schiff, bei wenig Wind, augenblicklich nach Lee. Die Strömung an den Segeln beginnt sich aufzubauen, das Schiff nimmt mit seiner geringeren benetzten Fläche Fahrt auf, wird luvgieriger und durch Gewichtsverlagerung gefühlvoll aufgerichtet. Mit zunehmender Fahrt werden die Segel auf ihre normale Amwind-Stellung dicht genommen. Bei mehr Wind kann das Krängen nach Lee entfallen, weil sich hier die Strömung an den Segeln und am Rumpf schneller aufbaut.

I 223 fällt nach der Tonne zu früh ab, um den Spi zu setzen, die anderen Schiffe, die erst Höhe ziehen, haben dadurch gute Chancen zu überholen.

G 4676 geht um die Raumtonne. Das Boot Z 1328 in Lee davon luvt an, um nicht überholt zu werden.

Bahnmarkenmanöver

Das Luvtonnenmanöver

Das Manöver an der Luvtonne kann zumindest bei viel Wind recht schwierig sein. Um unter allen Bedingungen ein optimales Manöver fahren zu können, machen wir uns schon bei der Annäherung an die Luvtonne eines klar: Der Druck in den Segeln wird beim Abfallen zunehmen, so daß wir stärker ausreiten müssen. Wir stellen uns also vorher darauf ein und verlagern unser Gewicht schon beim Beginn des Abfallens weiter nach außen. Wir tun dies so stark, daß das Boot nach Luv leicht überkrängt wird. Mit der erzeugten Leegierigkeit steuern wir das Boot sicher um die Luvtonne und können dabei auch sehr enge Kurven fahren, um beispielsweise in von der Konkurrenz freigelassene Lücken an der Tonne hineinzustoßen. Auf

Trapezjollen kommt der Vorschoter erst aus dem Trapez, wenn das Boot auf dem neuen Kurs liegt. In jedem Fall müssen die Segel zügig mitgefiert werden, sie dürfen nicht zu dicht sein. Das Boot wird dadurch gepreßt und setzt den Druck mehr in Krängung als in Fahrt um.

Bei Starkwind auf Jollen oder Kielbooten, auf denen ein stärkeres Ausreiten unmöglich ist und die Luvgierigkeit überhand zu nehmen droht, werden beide Segel – zuerst das Groß – aufgefiert, bis sie killen. Damit wird der Druck aus dem Schiff genommen, das Ruder hat seine volle Wirkung, und wir können auf einen achterlichen Kurs abfallen.

Einstellen des Trimms beim Runden

Es ist besser, mit Trimmänderungen für den neuen Kurs nicht bis nach der Tonne zu warten, denn beim

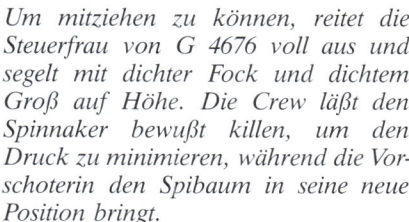

Um mitziehen zu können, reitet die Steuerfrau von G 4676 voll aus und segelt mit dichter Fock und dichtem Groß auf Höhe. Die Crew läßt den Spinnaker bewußt killen, um den Druck zu minimieren, während die Vorschoterin den Spibaum in seine neue Position bringt.

Wenn der Spibaum wieder steht, fällt die Steuerfrau auf den optimalen Raum- schotskurs ab, die Vorschoterin geht ins Trapez und bringt den Spinnaker zum Stehen.

Spisetzen ist noch genug zu tun. Es ist vor allem der Baumniederholer zu lösen. Diese Maßnahme, direkt vor der Tonne durchgeführt, läßt Druck aus dem Segel ab und erleichtert so das Rundungsmanöver.

Steht ein sehr spitzer Spikurs an, können wir jetzt schon das Unterliek dichter ziehen beziehungsweise alles veranlassen, was zu einem Geschwindigkeits- Trimm gehört (s. „Trimm auf geraden Kursen"). Auf einigen Booten ist dies sogar unerläßlich, denn notwendige Veränderungen am Trimm sind dort nach der Tonne gar nicht mehr möglich. So sind beim Laser die Klemmen für das Unterliek und die Baumniederholer- Verstellung nur an der Kreuz in Griffnähe, und es empfiehlt sich, die Knarre des Großschotblocks noch an der Kreuz auszuschalten, um die Schot beim Abfallen aus dem Fußblock ziehen zu können. Andere Boote haben ähnlich Besonderheiten.

Das Raumtonnenmanöver

Liegen keine taktischen Besonderheiten durch direkte Gegner, durch Wind oder Uferformationen vor, gibt es eine Grundregel für die Raumgänge: Um an Raum- und Leetonne jeweils in Innenposition zu liegen, sollte auf dem ersten Raumgang ein Leebogen und auf dem zweiten ein Luvbogen gesegelt werden. Kommt man von einem Leebogen an die Raumtonne, hat man einige Vorteile; da man die Tonne auf einem spitzen Kurs anfährt, segelt man mit besserer Geschwindigkeit als die Boote, die mit einem vorlichen Kurs vom Luv- bogen kommen. Man kann das Manöver also mit mehr Schwung fahren, und es ist unwahrscheinlicher, im Pulk an der Tonne hängenzubleiben. Weiterhin hat man gegenüber den Booten, die vom Luvbogen kom- men, schon sehr früh Innenposition. Bleiben sie in einem Windloch an der Tonne liegen, kann man trotz-

Eine Welle spült beim Spi-Bergen über das Vordeck. Bei kurzer, steiler Welle ist das Leetonnenmanöver sehr schwierig.

dem zwischen ihnen und der Tonne vorbei fahren und muß keinen Protest fürchten.

Nach dem Passieren der Tonne besteht allerdings die Gefahr, in Luv von anderen Konkurrenten überholt zu werden, da man vom Lee- zum Luvbogen ein sehr enges Manöver fahren muß. Kann man das nicht verhindern, war alles umsonst. Denn es gilt das Gleiche wie an der Luvtonne: Wird man von einem Boot überholt, ist schnell der ganze Pulk vorbei. Um dem direkten Konkurrenten hinter einem keine Chance zum Überholen zu geben, sollte hier die Spitz-auf-Spitz-Halse gefahren werden. Zieht man mit killendem Spi maximale Höhe, wird kein Konkurrent in Luv zum Überholen ansetzen. Zu lange viel Höhe zu laufen ist allerdings auch sehr gefährlich, da dadurch Schiffe in Lee durchbrechen können.

Kommt man alleine an die Raumtonne, sollte der Spinnaker während des ganzen Manövers stehen, um Vortrieb zu erzeugen.

Das Leetonnenmanöver

Am Ende des Spinnakerkurses ist es wichtig, optimale Voraussetzungen für die nächste Kreuz zu schaffen und den Kreuztrimm schon auf den letzten Metern des Spikurses einzustellen. Allerdings gibt es eine Ausnahme: Der Baumniederholer darf erst nach der Tonnenrundung angezogen werden, da man sonst eine Kenterung riskiert. Was passiert physikalisch beim Runden der Tonne?

Erstens: Das Schiff kommt mit hoher Geschwindigkeit an und fährt einen relativ kleinen Bogen um die Tonne. Dabei entstehen starke Fliehkräfte am Masttopp. Es entsteht dadurch eine immer größer werdende Krängung. Gerät dabei der Großbaum ins Wasser, kommt automatisch das Großsegel dicht, und das Boot kann kentern.

Zweitens: Beim Dichtnehmen des Großsegels von raumschots auf die Kreuz nimmt die Krängungskraft des Großsegels aufgrund der Veränderung des Winkels zur Fahrtrichtung stark zu. Daher muß der Vorschoter

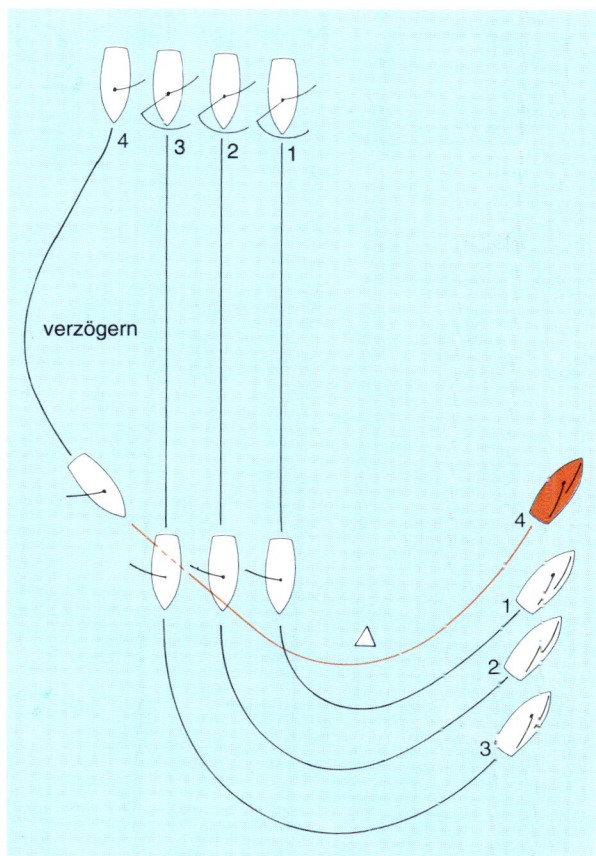

verzögern

4 3 2 1

4

1

2

3

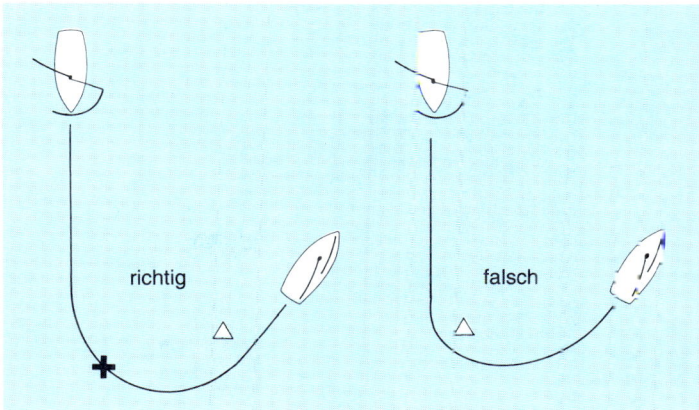

richtig   falsch

Um keine unnötige Höhe an der Leetonne zu verlieren, muß sie weit angefahren werden. Man ist so in der Lage, schon direkt neben der Tonne hoch am Wind zu segeln. Jetzt (siehe +) muß das Spinnakerbergen spätestens abgeschlossen sein. Die volle Konzentration gilt dem Runden der Tonne und dem Anfang der Kreuz. Fährt man die Tonne zu eng an, wird die Kreuz ein bis zwei Bootslängen weiter in Lee begonnen.

Links: Das Boot am weitesten außen ist nur durch Abbremsen in der Lage, hinter dem Pulk in die Innenposition zu segeln und damit in der günstigsten Position die Leetonne zu runden.

mit dem Anluven sofort ins Trapez kommen, um der auftretenden Krängung entgegenzuwirken. Die Mannschaft muß also schon beim Passieren der Leetonne bereit zur Kreuz sein. Daher ist es entscheidend, den Spinnaker so früh herunter zu nehmen, daß man **vor** der Tonne fertig ist.

Eine zusätzliche Schwierigkeit kommt beim Bergen des Spinnakers hinzu. Der Spinnaker bringt, wenn er steht, nicht nur Vortrieb, sondern auch Auftrieb. Da der Spinnaker in seinem oberen Viertel nahezu horizontal ausweht, wirken die dort entstehenden Kräfte nach oben. Dies erleichtert, im Vergleich zu einer Einmannjolle, das Segeln in der Welle. Beim Spinnakerbergen fällt dieser Auftrieb plötzlich weg. Der Bug des Bootes neigt nun viel mehr dazu, sich in die Welle hineinzubohren. Dies wird dadurch unterstützt, daß der Vorschoter beim „Einpacken" relativ weit vorne steht und den Bug zusätzlich belastet. Beim Spibergen in der Welle ist also Vorsicht geboten.

Das eigentliche Rundungsmanöver muß mit ungeteilter Konzentration gefahren werden. Um möglichst wenig Luvraum an der Tonne zu verlieren, wird die Tonne weit angefahren, um sie dann an ihrer Leeseite eng zu passieren.

Kommt man mit einer Gruppe an die Leetonne, ist es das wichtigste Ziel, die Kreuz als erstes und luvwärtigstes Schiff der Gruppe zu beginnen. Liegt man auf dem Spinnakergang außen, sollte man den Spinnaker vorzeitig wegnehmen und gegebenenfalls das Großsegel dicht nehmen (oder sogar verbotener Weise mit dem Fuß bremsen), um sich zurückfallen zu lassen. Jetzt kann man hinter der Gruppe hochziehen. Da beim Anluven das Heck nach Lee bewegt wird, behindern sich die Boote in der Gruppe gegenseitig bei der Tonnenrundung. Es entsteht dadurch eine Lücke zwischen dem Pulk und der Tonne. In diese Lücke kann man hineinstoßen. Obwohl man keine Innenposition hatte, beginnt man die Kreuz als Boot am weitesten in Luv und hat große Vorteile gegenüber seinen Konkurrenten.

Das Rigg

Segel

Ein schnelleres Segel aussuchen

Um für jedes Boot eine passende, schnelle „Garderobe" zu finden, müssen Segelmacher und Segler sich absprechen. Am einfachsten ist dies in den Jollenklassen, wo Informationen über das Crewgewicht sowie das Modell des verwendeten Mastes (härtere Masten verlangen weniger Vorliekskurve) im allgemeinen ausreichen. Der Segelmacher hat verschiedene Schablonen für die einzelnen Modelle vorliegen, nach deren Form die Bahnen zugeschnitten werden. Diese Schablonen können jederzeit nach den Erfahrungen der Segler auf den Regattabahnen geändert werden. Im allgemeinen wird hier Dacrontuch verwendet, und im Interesse der Langlebigkeit sollte dieses nicht zu leicht sein. Gerade bei Focks stehen häufig leichtere Tuche zur Auswahl, die etwas mehr Reck haben. Diese Segel entfalten schon bei weniger Wind eine kraftvolle Form, sind jedoch in ihrer Lebensdauer begrenzt.

Bei etwas größeren Booten muß der Segelmacher detailliertere Informationen erhalten, denn hier gibt es mehr Möglichkeiten, was die verwendeten Tücher und ihre Anordnung betrifft. Ein an schnellen Segeln interessierter Segler sollte beispielsweise Angaben zu Schiffsgewicht, Riggtyp, Crewgewicht und Einsatzzweck machen. Denn ein 7/8-getakeltes Schiff verlangt einen etwas anderen Segelschnitt als ein Toprigger. Ein mit viel Riggspannung gefahrenes Schiff braucht etwas andere Segel als ein mit weniger Spannung gefahrenes, weil wichtige Trimmgrößen wie Vorstagdurchhang und Mastbiegung unterschiedlich sind.

Welche Tücher gibt es?

Dacron ist nach wie vor dominierend bei Segeltuchen. Es besteht aus Polyesterfasern, die zu Garnen und diese wiederum zu Geweben zusammengefaßt werden. Durch die Längsfasern (Kette) wird beim Webvorgang der Querfaden (Schuß) mit hoher Geschwindigkeit hindurchgeschossen und das Tuch anschließend mit Harz bestrichen oder mit Folie beschichtet. Es gibt kett- oder schußorientiertes, das heißt in Längs- bzw. Querrichtung stabileres Dacrongewebe. Gewebe haben jedoch eine Schwäche in Diagonalrichtung, in der sie sich, und damit auch das Segel, besonders verziehen können.

Dacron ist am preiswertesten, robust in der Handbung und im allgemeinen auch am langlebigsten. Die heutigen Dacron-Gewebe sind überdies stark verbessert. Für schnelle Segel verarbeitete Spitzenqualitäten haben so gute Dehnwerte, daß sie es in den kleineren Größen mit Mylar aufnehmen können.

Mylar allein ist als homogene Folie in jede Richtung gleich dehnungsarm, hat also nicht die typische Diagonalschwäche eines Gewebes. Sie verträgt aber keine Überdehnung und ist sehr rißempfindlich. Alles Eigenschaften, die einem harten praktischen Einsatz entgegenstehen, weshalb Mylarfolie mit einem dünnen Schutzgewebe aus Dacron beschichtet bzw. laminiert wird. Als Weiterentwicklung werden in diesem Schutzgewebe starke Lastfäden von dünnen Hilfsfäden auf Parallelabstand gehalten und erhöhen die Zugfestigkeit des Mylarmaterials ganz gezielt in eine Richtung. Verwendet man eine Folie, die statt der richtungs-

116

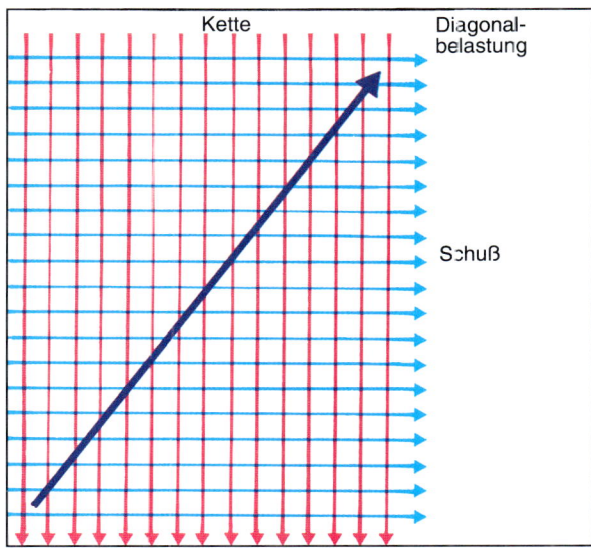

Kette · Diagonalbelastung

Schuß

Ein Gewebe mit seinen Kett- und Schußfäden ist empfindlich gegen Diagonalbelastung.

1 *Dacron: das am meisten gefahrene Tuch mit guten Allroundeigenschaften. Fahrtensegler sollten auf einen geringen Harzanteil achten, die weicheren Segel lassen sich besser handhaben.*

2 *Gittertuch (Tri-Ply): Ein loses Polyester- oder Kevlargelege ist hier zwischen Folie laminiert. Das leichte, formstabile Tuch ist empfindlich gegen Einreißen an Salings und anderen Scheuerstellen wie zum Beispiel der Seereling.*

3 *Spectra: Hier ist eine Polyäthylenfaser zwischen Folien laminiert. Das Tuch ist extrem formstabil, weniger UV-anfällig als Kevlar, hat aber trotzdem nur eine kurze Lebensdauer und scheidet damit als Fahrtenseglertuch vorerst noch aus.*

1

2

3

orientierten Dacronfäden Kevlarstränge hat, spricht man von einem **Kevlartuch**. Die gelbe Kevlarfaser ist bei gleichem Gewicht zugfester als Stahl. Sie wird mit Dacron gemischt, und zwar in Längs- oder Querrichtung. Im Verlauf der Fasern hat Kevlarmaterial praktisch keine Dehnung mehr. Kevlar ist jedoch teuer, knickempfindlich, nicht sonnenlichtbeständig und anspruchsvoll in der Verarbeitung und Handhabung. Liegen also Garne auf oder zwischen einer Polyesterfolie, so wird dies **laminiertes Tuch** genannt.

Segel nach Lastlinien

Mylar- und Kevlarmaterial mit seinen richtungsorientierten Verstärkungen ermöglicht die Konstruktion besonders dehnungsarmer und gleichzeitig leichterer Segel. Es kommt darauf an, Material und Bahnenverlauf so zu kombinieren, daß die Stärke des Materials in Richtung und Ausmaß so genau wie möglich den Lastlinien im Segel entspricht.

117

Die Lastlinien in einem Segel zeigen die Bereiche höchster Belastung an. Hier muß das Tuch ganz besonders widerstandsfähig sein, wenn ein Segel formtreu bleiben soll.

Verschiedene Bahnen-Anordnungen. Radial fürs Großsegel, kombinierte Anordnung für die Fock.

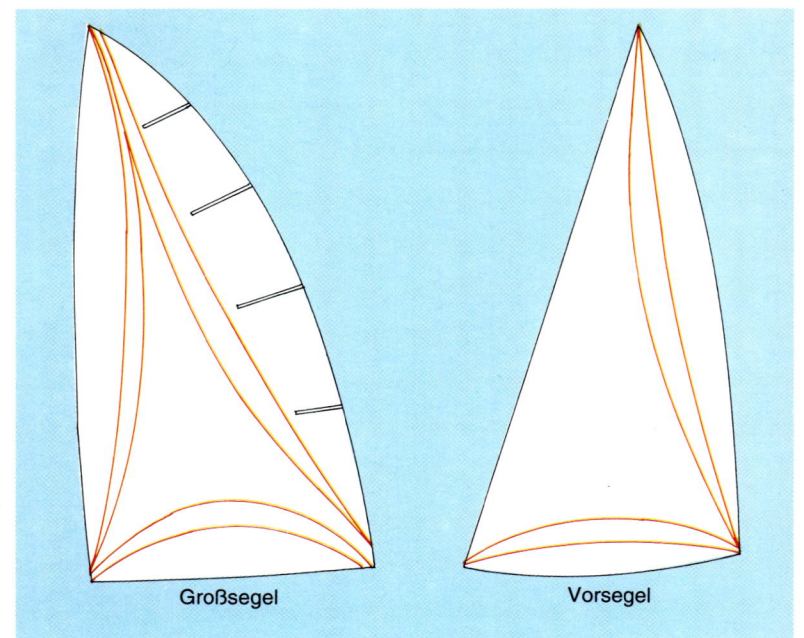

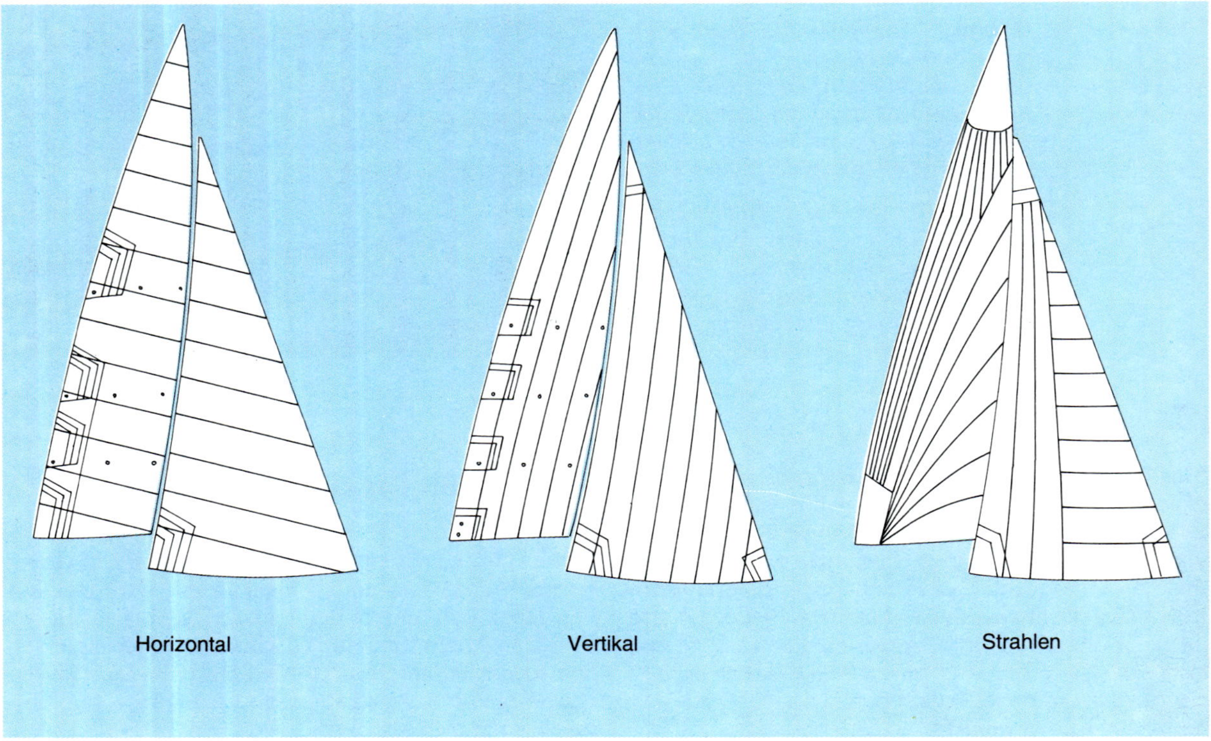

Großsegel   Vorsegel

Horizontal   Vertikal   Strahlen

Daraus ergeben sich dann Anordnungen wie der Vertikalschnitt und seine Varianten, beispielsweise die strahlenförmige Anordnung der Bahnen, die auch für Dacrontuch Vorteile bringen kann. Das Segel hält dadurch länger die vorgegebene Form und ist einfacher und besser zu trimmen. Die radiale Anordnung der Bahnen schont die Nähte, weil diese parallel belastet werden, die Zugkräfte also nicht die Bahnen trennen wollen. So kann für den wenig belasteten Bereich im Windanschnitt des Segels Material gewählt werden, das schon bei leichtem Wind sein Profil einnimmt. Für den **Lastbereich** hinten wählt man schwereres Material und erhöht damit die obere Belastungsgrenze dieser Segel: Segelwechsel werden verringert, unter Umständen läßt sich ein Segel sogar ganz einsparen.

Die Konstruktion und Anfertigung eines schnellen Radialsegels ist ohne Computer-Einsatz gar nicht mehr möglich. Minimal reckende Tücher brauchen Segel mit minimalen Toleranzen und präzisen Maßen. Der Computer einer Segelmacherei muß gleichzeitig das Materialverhalten eines dem Winddruck ausgesetzten Segels sowie dessen unterschiedliche Aufhängung mit sich ändernder Mastbiegung, Vorstagdurchhang usw. berücksichtigen. Das Segel soll später genau in seiner vorausberechneten Lage „hängen".

Veränderter Trimm bei sehr reckarmen Tüchern

Aerodynamisch ausgefeilte, tragflächenähnliche Segelprofile aus hochfestem Segeltuch leisten mehr und sind einfach zu bedienen, weil sie sich weniger verformen und auf Trimmarbeit sofort sichtbar reagieren. Jedoch müssen Trimmänderungen in kleinen, präzisen Dosierungen erfolgen. Ein übermäßig stark gezogenes Fall kann eine Mylar-Genua schnell ruinieren.

Wer bei mehr Wind seine Segel länger als nötig killen läßt, verkürzt deren Lebensdauer enorm. Auch das Trocknen von Segeln im Hafen gelingt ohne Vorheißen genauso gut.

Wenn möglich, spült man zu trocknende Segel mit Süßwasser. Im „salzigen" Zustand können sie ruhig auch einmal feucht bleiben.

Segellatten

Segellatten halten die aerodynamisch sehr wichtige Ausstellung des Achterlieks in Position. Bei nicht durchgelatteten Großsegeln liegen die vorderen Enden der Latten etwa auf der Linie der höchsten Kräfte im Achterliek (s. Zeichnung). Diese Kräfte ziehen die Latten nach außen. Bei durchgelatteten Großsegeln können sich die Latten am Mast gewissermaßen „abstützen" und ermöglichen eine noch größere Achterlieksrundung.

Latten sollten profiliert sein. Sie sind vorn weicher, um dem Bauch des Segels zur Mitte hin folgen zu können und im hinteren Bereich zum Achterliek, wo die Kräfte größer werden, härter ausgeführt.

Durchgehende Latten sind bei schnellen Segeln immer verstellbar. Größerer Druck auf die Latte erzeugt mehr Profil für wenig Wind. Allerdings muß auch gewährleistet sein, daß die Latte an der Nut tatsächlich genügend Halt findet. Bei unsachgemäßer Ausführung des vorderen Beschlages baut sich bei vorgeheißtem Großsegel nur eine geringere Spannung auf, das Segel bleibt flach.

Bei mehr Wind muß das Profil durch weniger Lattenspannung gezielt abgeflacht werden. Auch hier sind

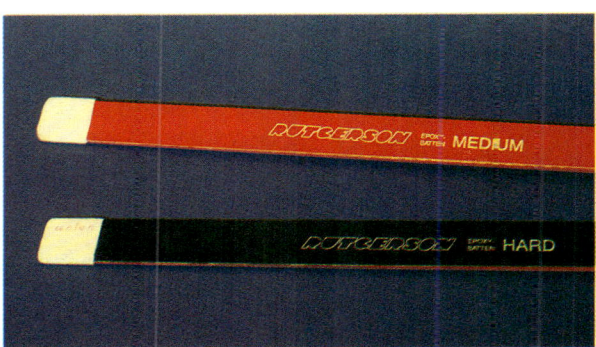

Segellatten gibt es in verschiedenen Härten. Bei mehr Wind und an stark beanspruchten Stellen im Segel werden härtere benutzt.

Marken mit wasserfestem Filzstift eine Hilfe für die „Trockeneinstellung" im Hafen oder auf dem Wasser, wo das Segel zur Korrektur auch einmal kurz geborgen werden kann.

Wichtig dabei: Ein Segel muß im oberen Bereich vergleichsweise stärker profiliert sein, damit in dem aerodynamisch ungünstig schmalen Toppbereich überhaupt noch eine vernünftige Strömung entstehen kann, denn das Verhältnis Widerstand zu Auftrieb ist hier extrem schlecht. Nebenbei ist dies mit der Grund für die vom Segelmacher eingebaute und vom Schotzug jeweils unterstützte Verwindung eines Segels im oberen Bereich (oberste Latte etwa parallel zum Großbaum, bei durchgehenden Latten nur die hintere Partie), denn bei dichtem Achterliek reißt sonst die Strömung von diesem sehr vollen Teil des Segels, außer bei Mittelwind, ab.

Segel, die nur durchgehende Latten haben, sind einfach zu trimmen. Der Bauch sitzt immer, auch bei sehr wenig Wind dort, wo er sein soll. Die Verstellung der Profiltiefe des Segels erfolgt durch Verändern der Lattenspannung.

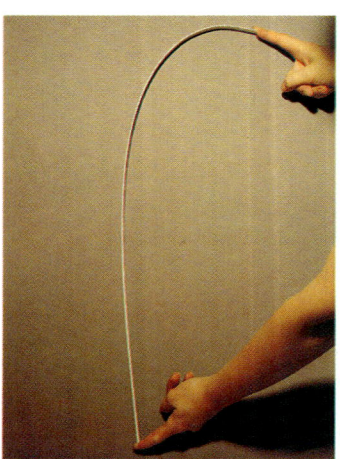 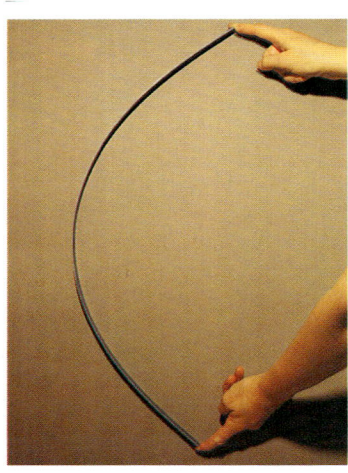 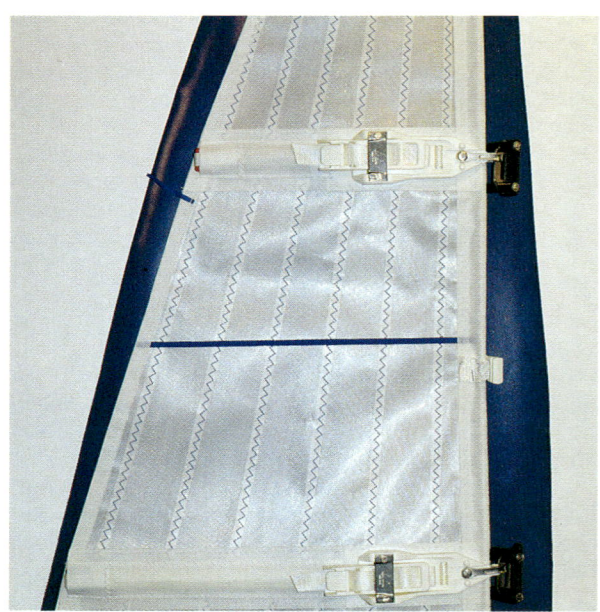

Oben links: Profilierte Latten passen sich der Segelwölbung zur Mitte hin an. Sie sorgen für einen geraderen Auslauf des Profils und verbessern damit den Windabfluß am Segel.

Oben Mitte: Unprofilierte Latten sind billiger in der Herstellung, das Segel büßt jedoch an Leistungsfähigkeit ein.

Oben rechts: Durchgehende Latten steigern die Leistungsfähigkeit eines Segels. Die Latten dieses Großsegels im Radialschnitt besitzen eine praktische Schnellverstellung.

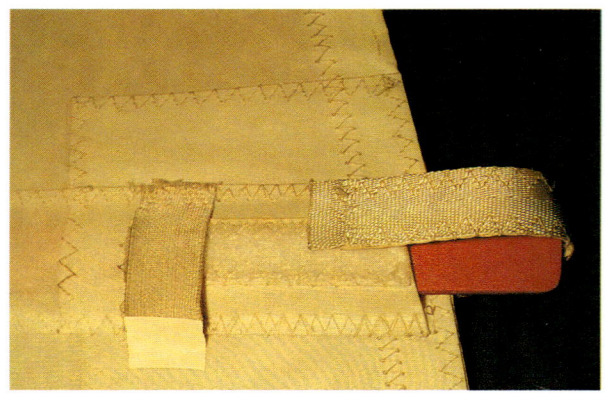

Per Klettverschluß schnell verstellbare, durchgehende Topplatte. Es fehlen hier Markierungen für eine präzisere Voreinstellung nach Erfahrungswerten auf dem Wasser.

Alle anderen Trimmöglichkeiten an Bord können natürlich noch zusätzlich eingesetzt werden. Durchgelattete Segel sind langlebig, und man sollte sie nur als Radialsegel bestellen, denn die Latten laufen sonst diagonal durch die Bahnen. Die damit auftretende Diagonalbelastung macht den meisten Tüchern Reckprobleme. Die Segel sind durch das Gewicht der Latten etwas schwerer und brauchen bei Fahrtenschiffen eher sogenannte „Lazy Jacks", das sind Leinen vom Mast zum Baum, in die das steifere Lattensegel beim Bergen hineinfallen kann.

Liekleinen

Das Achterliek ist der Bereich, aus dem ein Segel Geschwindigkeit entwickelt. Hier treten andererseits die größten Zugkräfte auf und damit verbunden auch Reck im Tuch. Ein Großsegel ist deshalb im Achterliek zwischen den Latten hohl geschnitten. So bleibt die Spannung zwischen den Latten erhalten.
Reckt ein Segel im Achterliek so stark, daß es „klappert" beziehungsweise schlägt, wird die Spannung mit der Liekleine etwas nachgezogen, bis das Achterliek

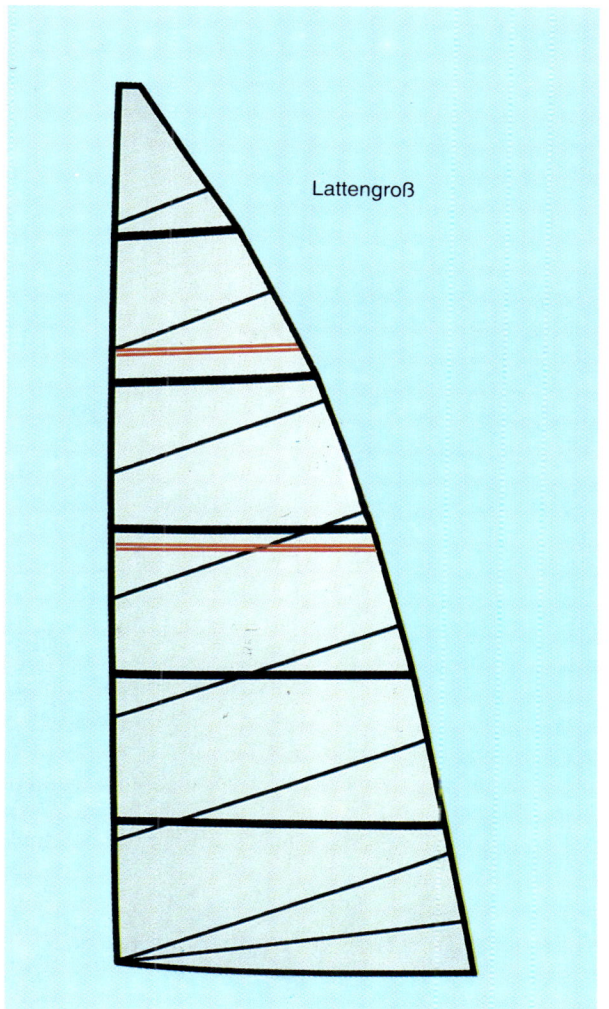

Lattengroß

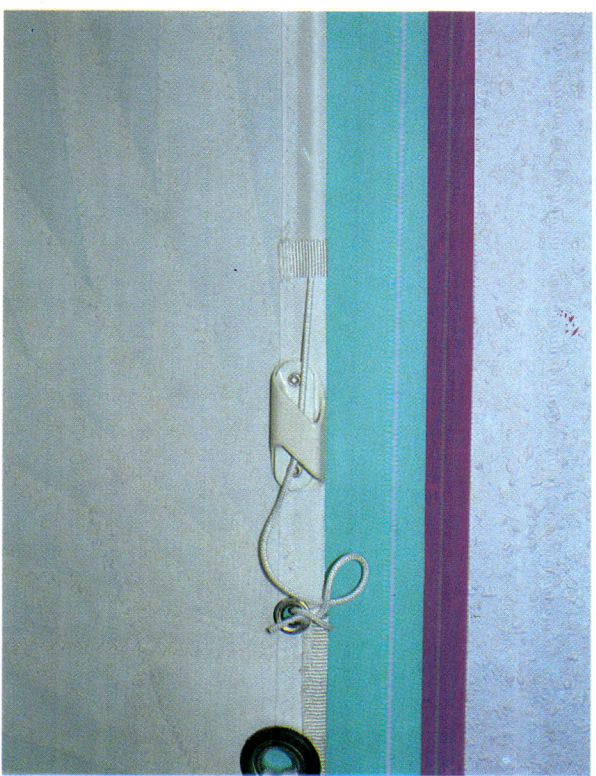

Die richtige Spannung im Achterliek ist wesentlich für eine gute Geschwindigkeit. Liekleinen helfen sie einzustellen.

Ein Lattengroßsegel, wie es nicht sein soll: Die Latten laufen diagonal durch die Bahnen und belasten das Tuch übermäßig. Das Segel wird schnell seinen guten Stand verlieren.

Diese Genua ist im Achterliek so weit gereckt, daß die Liekleine auch bei wenig Wind sehr stramm gefahren werden muß und den Windabfluß am Achterliek behindert.

ruhig steht. Bei wenig Wind wird sie deshalb loser gefahren als bei stärkerem.

Ein Segel, das sich im Achterliek mit der Zeit weiter gereckt hat, kann im Achterliek so stark klappern, daß die Liekleine sehr stramm gefahren werden muß, und dann entsteht die bekannte „Kralle". Direkt im Achterliek klappt das Segel nach innen und behindert den Windabfluß.

Das Segel hat seine volle Leistungsfähigkeit einge-büßt. Ob Fock, Genua oder Großsegel: Sie sollten ohne Zögern zum Segelmacher gebracht werden. Er kann diesen Fehler mit einfachen Mitteln schnell und preiswert beheben.

Tip:
Wer seine Genua pfleglich behandeln will, der löst die Liekleine nach dem Segeln.

Das schnellere Reff

Auf Kielbooten wird man bei viel Wind das Großsegel reffen, nachdem alle anderen Maßnahmen, eine starke Krängung zu vermeiden, ausgeschöpft sind.

Das Bindereff soll dabei das Segel auch flacher machen. Dies muß bei der Einstellung der Reffpunkte am Baum berücksichtigt werden, die man so einstellt und auch markiert, daß die Reffleine etwa in einem 45-Grad-Winkel vom Baum zur Reffkausch im Segel verläuft.

Dazu kann die Mastbiegung durch mehr Achterstagspannung noch einmal erhöht werden, um das Groß auch im oberen Bereich flacher zu machen. Die Lage der Wölbungstiefe wird nur durch die Großfallspannung reguliert, wenn keine Cunningham-Kauschen im Segel sind. Ein Segel sollte mindestens drei Reffreihen haben und nach dem Reffen voll trimmbar bleiben. Es sollte dafür zusätzliche Cunninghamkauschen und Klemmen für die Achterliekssleinen besitzen.

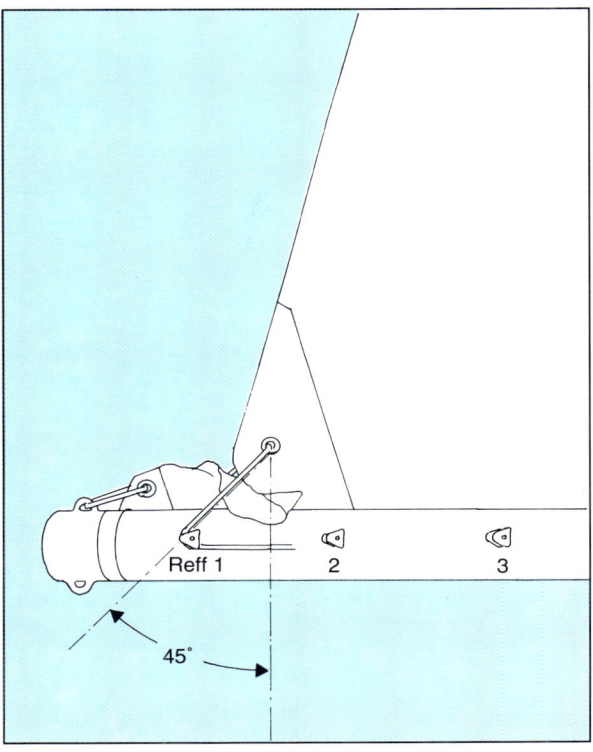

Salingverstärkungen für Mylar-Genuas

Mylar-Genuas benötigen Salingverstärkungen gegen Einreißen, denn Foliensegel sind in diesem Punkt noch empfindlich. Man sollte frühzeitig Verstärkungen in Salinghöhe und Relinghöhe aufbringen. Die Montage des selbstklebenden Dacrontuches ist sehr einfach. Nachdem die zu verstärkenden Punkte eingezeichnet sind, wird der „Patch" aufgelegt und an den Kanten markiert. Zum Achterliek sollten dabei zirka fünf Zentimeter überstehen, die beim anschließenden Kleben um das Achterliek herumgelegt werden. Auf der anderen Seite des Segels kann nun mit einer Klebung direkt bis ans Achterliek ein sauberer Abschluß erzielt werden.

Spinnakertuche

Von den verschiedenen Tucharten haben sich nur das Nylon und dessen Varianten, wie das formbeständigere Dynac, bewährt. Dynac büßt jedoch nach einiger Einsatzzeit seine bessere Härte ein, weil die Beschichtung brüchig wird.

Die sehr wirksame Gitterstruktur eines Nylon-Spinnakertuches, die für die Festigkeit wichtig ist und ein weites Einreißen des sehr leichten Stoffes verhindert, stammt von stärkeren Garnen, die beim Weben mit eingebracht werden und als Muster im Spinnakertuch erkennbar sind.

Schnellere Spinnaker

Die Form des Spinnakers ist durch Trimmaßnahmen kaum zu beeinflussen. So müßte eigentlich jedes Boot mehrere Spinnaker an Bord haben, um immer optimal auf die herrschenden Bedingungen eingestellt sein zu können, und in einigen Klassen ist dies auch erlaubt. Vor dem Wind ist ein großer Spinnaker mit tieferem Profil vorteilhaft, der mehr Kraft entwickelt und im Tuch etwas leichter sein kann, da das Segel auf diesem Kurs weniger belastet wird. Kritisch dabei ist, daß so ein Spi raumschots auch öffnen muß. Er produziert sonst zuviel Krängung bei weniger Höhe. Auf raumen Kursen, vor allem wenn sie spitz sind, muß der Spi flacher sein, kleiner in der Fläche und aus

Die Reffpunkte am Großbaum sollen so eingestellt sein, daß die Reffleine das Segel flacher ziehen kann (etwa im 45-Grad-Winkel).

*Ein Allround-Spinnaker soll auf Vorm-
wind-Kursen genügend Fläche und
Bauch haben, um Kraft zu entwickeln.*

Auf Raumkursen muß er für guten Vortrieb ausreichend flach und offen sein.

schwererem Tuch, damit er die auf diesem Kurs höheren Belastungen verkraftet und sein Profil halten kann.

Die meisten Einheitsklassen zwingen jedoch zu Einschränkungen und schreiben Größenmaße vor. Oft ist nur ein Spinnaker erlaubt. Auch jetzt gibt es noch die Möglichkeit, sich durch Wahl eines geeigneten Spinnakers auf die vorherrschenden Bedingungen einzustellen. So wird man bei viel Wind einem flacheren Profil den Vorzug geben. Eine Fehleinschätzung der Bedingungen kann aber immer vorkommen, und deshalb sind Allroundspi meistens die bessere Wahl.

Sie müssen genügend Bauch für Vormwind-Kurse und ein genügend flaches und offenes Profil für spitze Raumkurse besitzen. Für jede Klasse sieht dieser Kompromiß anders aus.

Als Faustregel für einen schnellen Spi kann gelten, daß er auf allen Kursen leicht zu fahren ist und Fahrfehler

verzeiht. Er ist relativ unempfindlich gegen das Einfallen des Luvlieks. Hat er diese Eigenschaften nicht, sollte man ihn austauschen.

Mast und Baum

Ein schneller Mast

Wie muß ein schneller Mast aussehen? Hat er ein besonders günstig geformtes Profil oder ist er besonders leicht?

Zuerst muß mit dem Vorurteil aufgeräumt werden, daß Masten auf normalen Segelschiffen besonders gute aerodynamische Eigenschaften aufweisen sollen. So sind bewährt schnelle Masten rund, oval und so weiter. Ein besonders günstiges Profil haben sie nicht. Gute Masten sind steif und schmal bei niedrigem Gewicht. Die Steifigkeit ist bei einem Profil mit größerem Durchmesser besser; weil ein Mast aber auch schmal sein muß, ist das Profil an den statisch wichtigen Stellen verstärkt. Die Steifigkeit muß dabei so groß sein, daß bei der vorgesehenen Verstagung auf einem Boot mit einem bestimmten Gewicht keine unkontrollierten Biegeeigenschaften auftreten. Klar wird damit auch, daß leichtere Masten aufwendiger verstagt (und aufwendiger bedient) werden müssen, damit das Metall nicht von oben kommt.

Am stärksten muß ein Mastprofil im Großbaumbereich sein; hier können vor allem raumschots durch den Zug des Baumniederholers oder die Belastung durch den Spibaum enorme Kräfte auftreten. Nach oben hin soll der Mast eines schnellen Schiffes möglichst verjüngt sein; die auftretenden Belastungen nehmen zum Topp hin ab, und eine Verjüngung spart Toppgewicht und Windwiderstand. Großer Wert ist auf die handwerkliche Qualität zu legen. Gerade hier unterscheiden sich teure von billigen Masten. So steht nur ein Mast mit einem präzise eingepaßten Mastfuß auch so im Schiff, daß die Nut wirklich nach hinten zeigt. Die Salinge müssen absolut symmetrisch und stabil sein, denn sie nehmen einen großen Teil auch der vor- und achterlich wirkenden Kräfte eines Mastes auf. Schwingt ein Mast, haben die Salinge in den Beschlägen zu viel Spiel: ein Fall für Spachtelmasse. Wer übrigens selbst an seinem Mast bastelt, vielleicht noch schnell ein Unterbackstag anbaut oder eine andere Fallrolle, der sollte wissen: VA-Beschläge müssen sorgfältig gegen Korrosion des Aluminiums versiegelt werden. Nur vorher in Paste getauchte VA-Popnieten bieten eine dauerhafte Verbindung.

Ein Mastprofil aus Kohlefaser/Epoxy ist etwa halb so

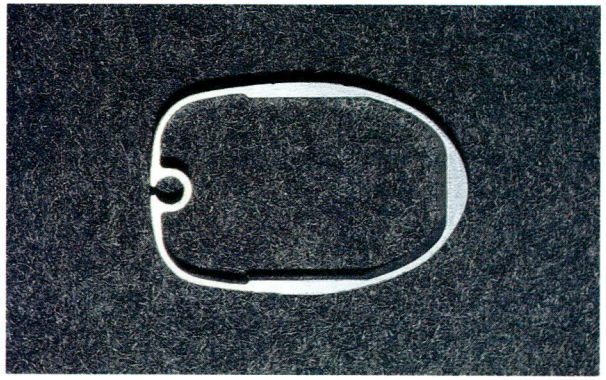

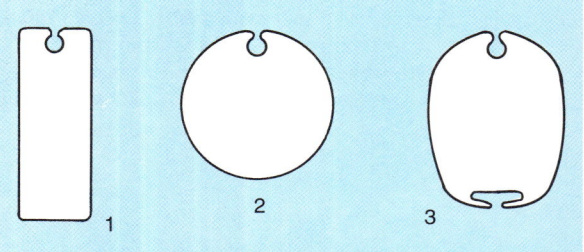

Oberes Bild: Mastprofil mit Verstärkungen der Wandung. Diese sind möglichst weit von der Mitte angeordnet, um maximale Steifigkeit des Profils zu erzeugen. Ein guter Mast ist schmal, fest und leicht.

Darunter: Baumprofile:
1. Eckiges, hohes Profil, das zur Seite weich sein kann. 2. Rundprofil mit ausgeglichenen Eigenschaften. 3. Dieses konische Profil hat eine Nut an der Unterseite.

schwer wie ein Aluminiummast und ermöglicht damit enorme Gewichtseinsparungen im Kiel, im Rumpf und in den Beschlägen. Jedes Kilo weniger beim Mastgewicht kann bei gleicher Stabilität etwa zehn Kilo Gewicht im Kiel einsparen. Kunststoffmasten lassen sich leicht an wichtigen Stellen verstärken und selbst reparieren. Sie haben eine doppelt so hohe Lebensdauer wie Aluminummasten.

Großbaum
Der Großbaum eines optimal gesegelten Bootes widersteht hohen Kräften, und seine Steifigkeit ist entscheidend. Auf Jollen muß der Baum bei viel Wind an der Kreuz über den Baumniederholer den gesamten Zug des Großsegelachterlieks aufnehmen, ohne daß das Segel seine Form verändern darf (s. Trimm-Teil). Der Großbaum soll weder nach oben durchbiegen, weil so das Achterliek des Großsegels öffnet, noch soll er hinter dem Ansatzpunkt der Schot nach Lee wegbiegen, was ebenfalls das Segel relativ unkontrolliert öffnet. Die Profile von Großbäumen sind folglich eher nach statischen Gesichtspunkten ausgeführt. Günstig ist

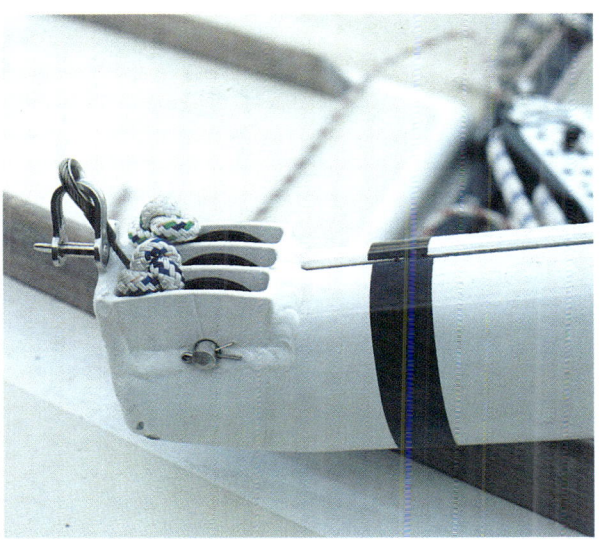

Neben einem steifen Profil zeichnen hochwertige Beschläge und eine saubere Verarbeitung einen guten Baum aus: Die leichten Alu-beschläge für Reff und Unterliek sind hier mit dem Profil verschweißt.

Dieser Aluminiumbaum spart Gewicht durch Löcher in den weniger beanspruchten Partien. Einer von vielen Wegen zur Gewichtseinsparung.

eine zweite Nut auf der Unterseite, um ohne Schraublöcher über zusätzliche Rutscher weitere Beschläge anbringen oder bestehende versetzen zu können.

Wenn Großbäume brechen, so liegt das meist nicht am Material. Aluminium ermüdet zwar (auch hier ist Kohlefaser das geeignetere Material), meistens sind es jedoch vermeidbare Fehler, die den Baum kosten. Dazu gehört das übermäßige Belasten mit verschraubten oder vernieteten Beschlägen. Jedes Schraub- oder Nietloch, das nicht vorschriftsmäßig versiegelt wurde, greift das Eloxat des Aluminiums an und fördert die

festigkeitszehrende Korrosion. Zum zweiten kann ein häufiger Bedienungsfehler schuld sein, der den Großbaum übermäßig belastet: Wurde der Baumniederholer auf der Kreuz bei mehr Wind zum Vorbiegen des Mastes gut dichtgenommen, so nehmen beim Abfallen die Kräfte im Segel enorm zu. Das Boot braucht eine Weile, um den Druck in Geschwindigkeit umzusetzen. Wer hier seinen Baumniederholer auf der Amwind-Position beläßt, riskiert genau im Moment des Abfallens seinen Baum. Die meisten Großbäume werden kurz hinter dem Baumniederholerbeschlag ge-

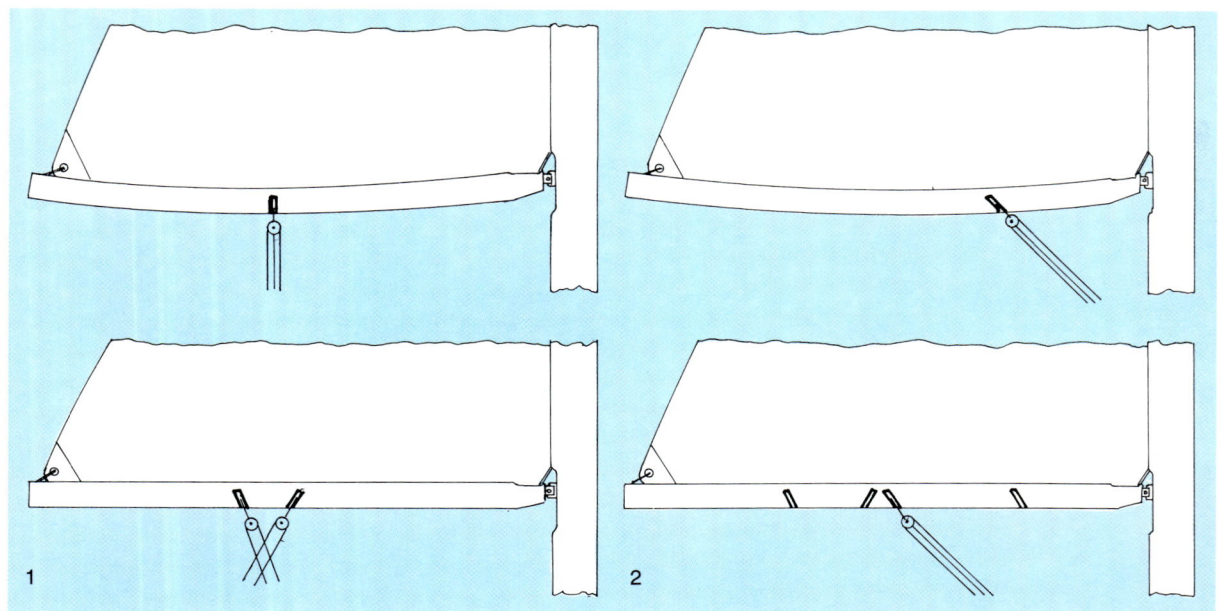

Verhinderung der Baumdurchbiegung mit einfachen Mitteln. 1. Versetzen der Großschotblöcke. 2. Durch einen günstigeren Zugwinkel läßt sich der Baumniederholer leichter ziehen, und der Baum wird entlastet.

brochen. Biegt ein Baum stärker durch den Zug von Großschot und Baumniederholer, ist meist mit einfachen Mitteln Abhilfe möglich. Reicht das Versetzen der Großschotblöcke bzw. des Baumniederholeransatzes nicht aus, so kann ein unter den Großbaum genietetes oder geschraubtes Profil die Lösung sein.

Vorstagsysteme

Ein Doppelkammer-Profilvorstag aus Kunststoff oder Aluminium verbessert die Aerodynamik der vorderen Anschnittkante und bietet die Möglichkeit, ein Vorsegel in das andere zu setzen, so daß auch an der Kreuz, ohne größeren Fahrtverlust, gewechselt werden kann. Es eignet sich auch für kleinere Kielboote, die Genua und Fock führen.
Ein System mit Stagreitern braucht kein zweites Fockfall, und das Vorsegel wird immer am Vorstag gehalten, auch im geborgenen Zustand. Diese sichere Lösung hat aber aerodynamische Nachteile, die in Einheitsklassen jedoch keine Rolle spielen.
Immer stärker setzen sich für Fahrten und Regatten

Rollgenua und Rollfock durch, die möglicherweise an zwei Vorstags hintereinander gefahren werden, am vorderen die Rollgenua, am kleineren dahinter das Starkwindsegel. Ein Rollvorsegel ist fürs Fahrtensegeln praktisch, indem die Segelfläche schnell den Windverhältnissen angepaßt werden kann. Mit kleiner Crew läßt sich so der Aufwand des Segelwechsels einsparen, was sicherer und schneller ist. Aber auch speziell dafür geschnittene Vorsegel mit stärkerem Tuch im Bereich des Achterlieks, für das teilweise eingerollte Segel bei mehr Wind, werden beim Aufrollen insgesamt bauchiger, und der Stand kann mit dem eines Einzelsegels nicht konkurrieren.
Regatta-Rollsegel sind bei vielen High-Tech-Rennern und auch in den Jollenklassen wie dem FD verbreitet. Sie werden grundsätzlich nur in voller Größe genutzt. Auf kleineren Kielschiffen hat man mit einer Rollfock eine aerodynamisch günstige Anschnittkante, und vor dem Wind läßt sich das Segel blitzschnell einrollen, ohne daß jemand das Vorschiff mit seinem Gewicht belasten müßte. Wichtig bleibt das Auftuchen im Hafen, damit das Segel im Achterliek keinen Schaden nimmt.

Das Boot

Baumaterial

Ungeachtet der Entwicklungen im Kunststoffbau für andere Sportarten wie Rudern, Tennis oder Segelfliegen wird im Segelbootsbau weiterhin an GFK (glasfaserverstärkter Kunststoff) festgehalten. Aus Kohlefaser (Carbonfaser-Kunststoff CFK) hergestellte Boote sind trotz aller Verbesserungen im GFK-Bereich leichter bei gleicher Festigkeit und, wegen der hervorragenden Ermüdungsbeständigkeit von CFK, langlebiger und damit auch sicherer.

Schnellere Rümpfe

Worauf aber kann ein Segler einer Einheitsklasse achten, wenn er wissen will, ob er einen schnellen Rumpf erworben hat?
Die Maße des Schiffes, soweit sie die Vermessungsregeln betreffen, sind nicht beeinflußbar. Allerdings bieten Einheitsklassen unterschiedliche Toleranzen, um beispielsweise Rumpfentwicklungen in Grenzen zu gestatten. Hier sollte man sich vorher über die unterschiedlichen Eigenschaften der Fabrikate informieren.
Grundsätzlich ist dabei wissenswert, daß Schiffe mit eher schlankem beziehungsweise schmalem Bug bessere Höhe laufen und sich in der Welle nicht so leicht feststampfen. Ein etwa U-förmiges Vorschiff setzt auch bei Schräglage noch weich in die Welle ein. Ein V-förmiges Spant trifft bei Krängung mit einer relativ

Dieses kleine, leichte Kielboot (J 22) hat ein jollenähnliches, flaches und breites Unterwasserschiff. Raumschots und vor dem Wind gleitet es schnell an, liegt dabei kurstreu auf dem Ruder und kann hohe Geschwindigkeiten erzielen.

planen Fläche auf die Welle und bremst das Schiff ab. Rümpfe mit breiteren Linien, vor allem im Mittschiffs- und Heckbereich, sind im allgemeinen bessere Gleiter. Haben sie aber in Relation dazu vorn zu wenig Auftrieb, vor allem auch über Wasser, neigen sie leichter zum Unterschneiden.

Der Rumpf eines H-Bootes hat einen tieferen Spant und eine geringere Breite. Das relativ schwere Boot ist mit dieser eher klassischen Form ein schlechterer Gleiter und hat seine Stärken an der Kreuz und hier vor allem bei glattem Wasser.

Benetzte Fläche verringern

Wie kann man als Segler die benetzte Fläche eines Rumpfes generell verringern, um bei wenig Wind Vorteile daraus zu ziehen?

Die Konstruktion des Rumpfes gibt hier die Möglichkeiten vor. Je flacher das Unterwasserschiff einer Jolle oder einer Kielyacht geformt ist, desto wichtiger wird das Herausheben dieser ebenen, großen Flächen durch Leekrängung und Gewichtsverlagerung nach vorn bei geringen Geschwindigkeiten. Durch das Verlagern des Crewgewichts nach vorn wird zudem vermieden, daß die Unterkante des Spiegels, die für einen guten Strömungsabriß scharf ausgeführt sein muß, bei niedriger Geschwindigkeit durchs Wasser gezogen wird und die Strömung am Heck verwirbelt.

Stimmt alles?

Bei der Beurteilung der Bauausführung ist darauf zu achten, daß das Unterwasserschiff absolut eben ist. Kleinere Unebenheiten und Beulen, die durch Entlangpeilen am glattpolierten Rumpf gut zu erkennen sind, können am Wasserwiderstand erheblich vergrößern. Das Gelcoat darf keine Lufteinschlüsse oder Risse zeigen, und das Schiff soll von innen komplett bis in alle Winkel versiegelt sein, um Wasser und Wasserdampf außen am Rumpf und in sämtlichen Hohlräumen im Innern keine Chance zu geben. Hat ein Laminat erst Feuchtigkeit aufgenommen, dann ist das Optimalgewicht des Bootes schnell überschritten und die GFK-Festigkeit stark herabgesetzt. Zusätzlich friert das Laminat in einem harten Winter einfach kaputt.

Ob die Rumpfschale symmetrisch ist oder durch ein ungenaues Einpassen von Verstärkungen oder des Deckteiles auf den Rumpf verzogen wurde, läßt sich nur sehr aufwendig selbst messen und ist zudem nicht zu ändern. Die Ansatzpunkte für Püttinge, Vorstag, den Mastfuß, die Decksdurchführung des Mastes sowie die Fockschienen lassen sich sehr wohl selbst messen und auf symmetrische Anordnung überprüfen (s. Abbildung). Nebenbei lernt man dabei, nicht einfach wichtige Trimmaße von anderen Booten zu übernehmen, die je nach Fabrikat oder sogar Einzelstück eines Herstellers eine etwas andere Anordnung haben.

Gewichtsverteilung und Schnelligkeit

Die Gewichtsverteilung eines Rumpfes hängt von seiner sorgfältigen und durchdachten Bauausführung ab. Je stärker das Gewicht in der Mitte konzentriert ist, bei leichterer Ausführung der Schiffsenden, desto bes-

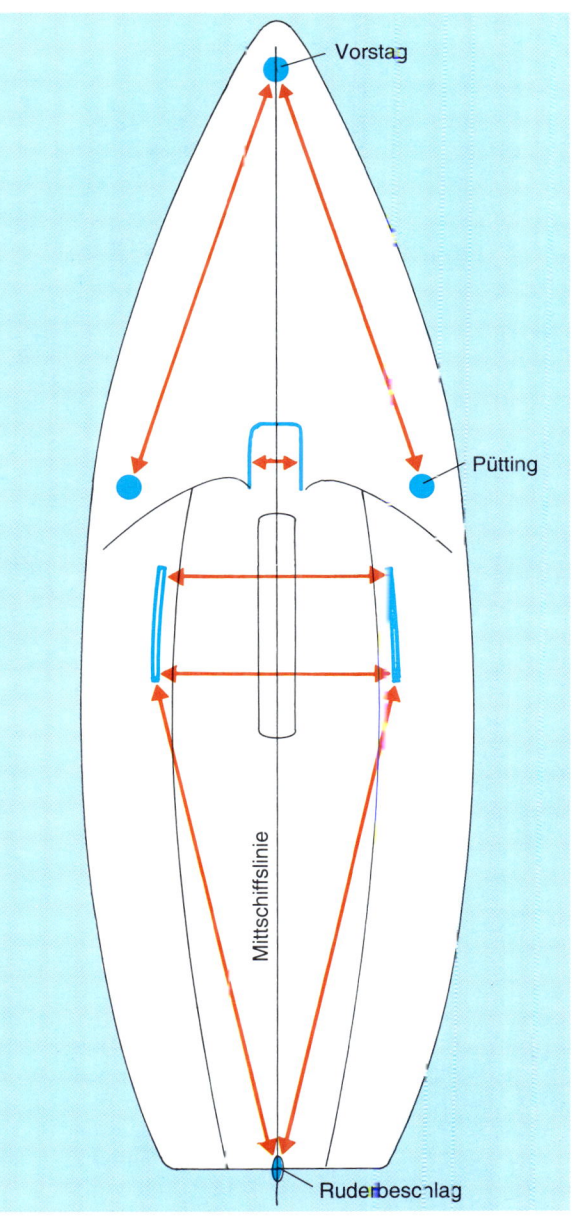

Stimmen die Maße? Rumpfvermessung mit einfachen Mitteln. Durch Abstandsmessungen zur Mittschiffslinie lassen sich die symmetrische Anordnung der Püttings sowie die Positionen Mastspur, Schwertkasten und Fockschienen leicht prüfen.

Alle Schiffe werden in ihrer Fahrt durch Wellen gebremst. Bei formgleichen Booten spielt die Bauausführung mit einer Konzentration des Gewichtes zu einem Punkt hinter der Schiffsmitte hin eine dominierende Rolle für das Wellenverhalten und damit für die Schnelligkeit des Schiffes.

ser wird das Verhalten in der Welle sein. Das Pendeln in der Welle kostet den Rumpf viel Fahrt, weil dabei jedesmal erst der Bug und dann das Heck tief ins Wasser gedrückt werden. Das Rigg muß dabei mitpendeln (Toppgewicht!), und auch Kiel und Ruder werden von jeder neuen Welle nach vorn und wieder nach hinten gedrückt. Je schwerer die „Wippe" insgesamt und je weiter entfernt das Gewicht vom Drehpunkt, desto stärker. Drei Meter von diesem Punkt entfernt gibt jedes Kilo Gewicht neunmal so viel Schwung wie in einem Meter Abstand. Die Bewegungen eines Rumpfes mit optimierter Gewichtsverteilung sind sanfter und kürzer, das Boot hat ein höheres Geschwindigkeitspotential.

Der Drehpunkt eines Schiffes in der Welle liegt nicht direkt in der Mitte, sondern ungefähr auf 60 Prozent der Schiffslänge von vorn. Dieser Tatsache kann bei der Plazierung von Ausrüstung an Bord Rechnung getragen werden.

Welche Farbe hat mein Boot?

Interessant ist, daß die Gelcoatschicht eines Rumpfes, die das darunterliegende Laminat schützt, bei unterschiedlichen Farben, je nach deren Deckungsgrad, verschieden dick aufgetragen wird. Sehr gut decken ein helles Grau und ein helles Blau, während kräftige Farben, wie beispielsweise Rot, dicker liegen müssen und damit unnötig viel Gewicht produzieren. Die entsprechende Decksform oder sogar Rumpfform wird bei gleicher Festigkeit schwerer beziehungsweise bei gleichem Gewicht weniger fest. Ein „blendend" weißes Deck ist in jedem Fall zu vermeiden, um auch bei starker Sonneneinstrahlung keine Probleme mit zu starker Reflektion zu bekommen.

Kunststoffe:
Oberfläche und Reinigung

Das Reinigen des Schiffes gehört zu den routinemäßigen Arbeiten jedes schnellen Seglers. Neben dem bekannten Schmutz gilt es auch, Reste von Tapestreifen, von Notizen mit wasserfestem Filzstift an Deck sowie Spuren von Öl, Teer und anderem vom Rumpf zu entfernen. Bei GFK-Booten (Polyester/Epoxid) ist für die Pflege nicht entscheidend, ob zum Glasanteil auch noch andere Verstärkungsstoffe, wie Kevlar beispielsweise, dazukommen. Rumpf und Deck sind üblicherweise auf der Innenseite des Bootes mit einem Schutzanstrich und nach außen mit der Gelcoatschicht versehen. Sie schützen die Glasmatten der Schale vor dem Eindringen von Wasser. Die Gelcoatschicht mit einer Dicke von zirka 0,5 bis einem Millimeter ist eingefärbt und etwas elastischer als die Laminatschichten. Sie ist unempfindlich gegen Säuren, Laugen und auch gegen Lösungsmittel wie zum Beispiel Alkohole und reines Benzin. Weniger Beständigkeit hingegen besteht gegen Aceton, Toluol und auch Autobenzin. Deshalb darf alles, was mit Seifenwasser nicht zu entfernen ist, nur kurz mit den obengenannten Lösungsmitteln abgewischt werden.

Polyäthylen gibt es auf Booten im allgemeinen nur für Kleinteile wie Kompaßeinfassungen usw. Sie können aber sehr hartnäckig verschmutzen. Übliche Lösungsmittel sind recht gut geeignet, nur darf die Einwirkzeit nicht zu lang sein, denn Lösungsmittel, Fette und Öle ziehen in Polyäthylen ein.

Das Anschleifen einer schon glatten Gelcoatoberfläche bringt keine Geschwindigkeitsvorteile, so daß im Interesse eines stets sauberen Rumpfes eine polierte Oberfläche das Optimum darstellt.

Beim Trailern von Jollen entstehen häufig unangenehme Verschmutzungen durch Verbrennungsrückstände von Autos und Lkws sowie Beschädigungen des Gelcoats durch Steinschlag. Die Benutzung einer Ober- und Unterplane zum Schutz ist daher besser.

Ruder und Schwert

Profile: Ruder, Schwert und Kiele
Ein günstiger Kiel, beziehungsweise ein günstig geformtes Schwert produziert für das entsprechende Schiff maximalen Auftrieb bei geringstmöglichem Widerstand. Fast alle Boote haben eine zu große Fläche von Kiel oder Schwert, so daß Auftrieb im Überfluß vorhanden ist. In den Jollenklassen ist die Fläche durch die Klassenregeln vorgegeben, bei Kielschiffen läßt sich der für die Stabilität so notwendige Ballast anders gar nicht unterbringen. Die Konsequenz ist, daß wir innerhalb der Klassengrenzen ein möglichst schmales Schwert, beziehungsweise einen möglichst schmalen Kiel auswählen sollten, denn kleinere Fläche bedeutet auch kleinerer Widerstand.

Bei der Steifigkeit und dem Gewicht von Schwert und Ruder sollten wir keine Kompromisse eingehen. Die Profile können nicht steif genug sein, damit sie nicht verwinden und unkontrollierte Strömungen verursachen, wie etwa das Flattern des Ruders. Sie sollten absolut symmetrisch gebaut sein, was man durch Pei-

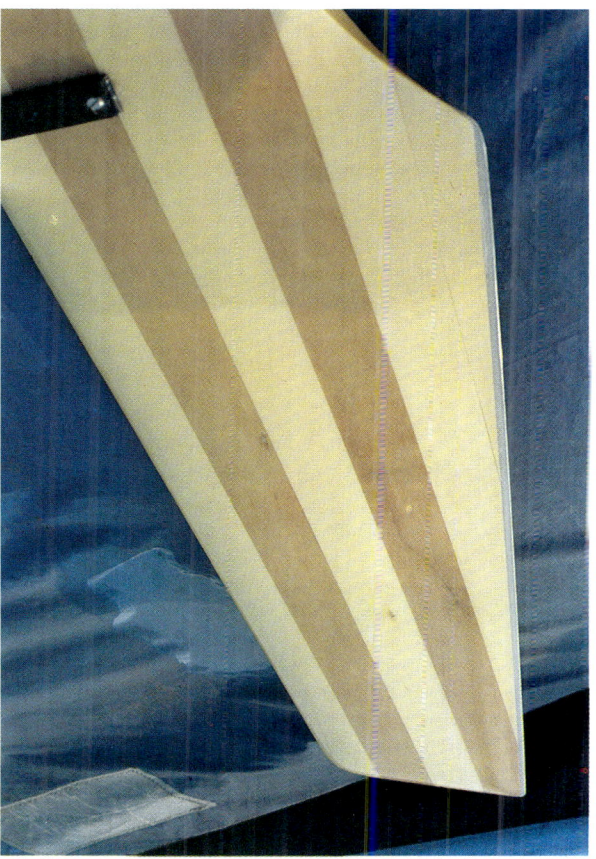

Hochwertiges Ruder in Leistenbauweise.

len entlang der Kanten feststellen kann. Weiterhin dürfen keine Wellen oder andere Unregelmäßigkeiten auf der Fläche auftreten, und das Profil muß eine konstante Dicke haben.

Eine fehlerfreie Symmetrie ist besonders für Laminarprofile entscheidend. Diese Profile besitzen einen konkaven Auslauf und haben einen geringeren Eigenwiderstand. Laminarprofile erreichen ihre höheren Leistungen gegenüber den tropfenfömigen nur bei einer makellosen Ausführung.

Ein niedriges Gewicht von Schwert und Ruder senkt das Gesamtgewicht des Bootes und zentriert dieses bei leichten Jollen mehr in den Mittelpunkt. Bei schwereren Booten spielt das Gewicht des Schwertes oder des Kieles eine zunehmende Rolle für die Steifigkeit des Schiffes.

Die Abrißkanten von Ruder und Schwert sollen möglichst scharf sein. Sie brechen in der Praxis natürlich leichter heraus. Bei Kielbootrudern ist aus Herstellungsgründen die Ausführung einer scharfen Kante häufig nicht möglich, weshalb das Profil ganz bewußt drei Millimeter vor seinem „theoretisch scharfen" Ende einen stumpfen Abschluß hat. Es hat deshalb keinen Sinn, diese stumpfe Kante anzuspitzen.

Tip:
Tiefste Schwertstellung: Das Schwert soll an der Kreuz nur so weit abgesenkt werden, bis die Vorderkante senkrecht steht. Zeigt die Kante schon leicht nach vorn, ist der Auftrieb zwar erhöht, sehr nachteilig jedoch wirkt der vermehrte Widerstand in dieser Position.

Das Schwert erhält auf dem Kopf oder an seiner Seite einen Trimmstreifen oder Markierungen, um vor allem beim Trimm an der Kreuz auf Erfahrungswerte zurückgreifen zu können.

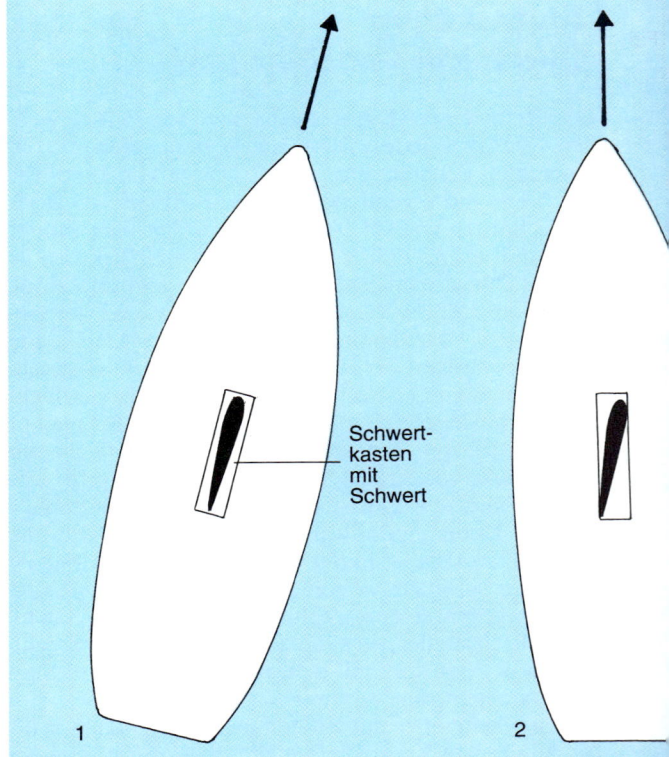

Schwert-
kasten
mit
Schwert

Anstellbare Schwerter und Kiele

Anstellbare Schwerter und Kiele bringen Vorteile beim Kreuzen, sind allerdings aufgrund ihrer häufig nicht einfachen Mechanik nur in wenigen Klassen erlaubt. Durch die Anstellung des Profils wird ein höherer Auftrieb erzielt, und das Boot kann so mehr Höhe fahren. Der Gewinn an Höhe beträgt ungefähr ein Grad. Das ist nicht berühmt, aber es ist trotzdem ein deutlicher Vorteil.

Wie funktioniert nun das Prinzip? Die auf allen Kursen, außer dem Vormwind-Kurs, durch den Segel-

druck entstehende Querkraft muß von der Lateralfläche des Schwertes/Kieles aufgenommen werden. Segeldruck in Querrichtung und Auftrieb am Profil (Lift) haben umgekehrte Vorzeichen und sind, wie im Physik-Teil beschrieben, immer im Gleichgewicht. Der erzeugte Auftrieb hängt ab von der

1. Größe der Schwert-/Kielfläche und der Flächenverteilung
2. Anströmgeschwindigkeit (zum Quadrat)
3. Anstellwinkel des Profils
4. Profilform selbst und der Oberflächenrauhigkeit

Nehmen wir die Geschwindigkeit, die Fläche und das Profil in diesem Fall als gegeben, dann hängt die Größe des Auftriebs am Profil von seinem Anstellwinkel ab.

Wichtig für den Erfolg mit anstellbaren Profilen ist die einfache und durchdachte Ausführung der Mechanik, um keine Störquellen mit einzubauen. Hier gilt es, für jede Klasse, in der diese Maßnahme erlaubt ist, eine

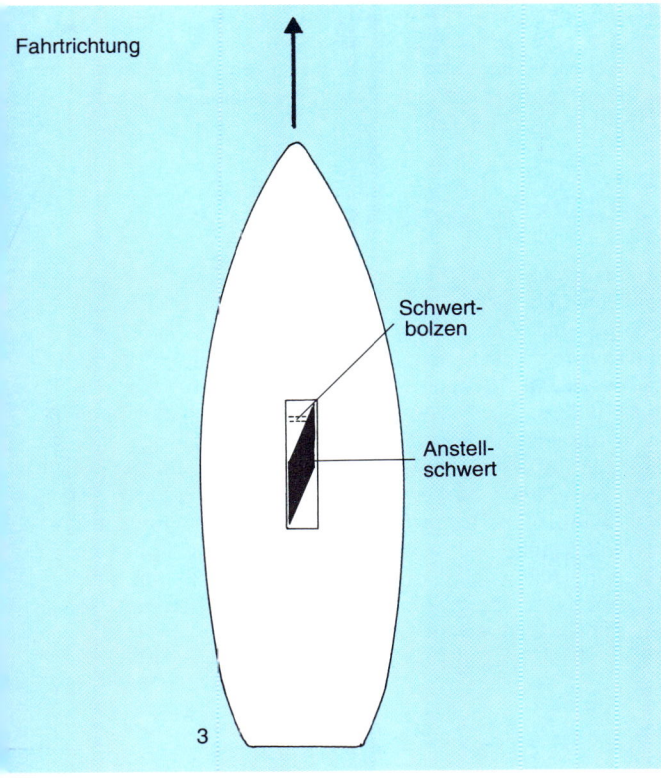

Fahrtrichtung

Schwert-bolzen

Anstell-schwert

3

Anstellbare Schwerter und Ruder. 1. Jedes Schiff hat Abdrift an der Kreuz. Ohne anstellbares Schwert fährt es deshalb „schief" durchs Wasser. 2. Das Schwert ist auf den Abdriftwinkel eingestellt, das Boot fährt wirklich geradeaus durchs Wasser. 3. Dieses Schwert mit rautenförmigem Kopf ist auf dem Schwertbolzen frei drehbar und stellt sich immer automatisch an.

spezifische Lösung zu finden. Muß hier im Eigenbau vorgegangen werden, geschieht das am besten im Austausch mit Seglern, die schon Erfahrungen im Bau einer solchen Anlage besitzen. Bewährt hat sich für Jollen der Einbau eines Schwertes mit einem rautenförmigen Kopf (s. Zeichnung). Das Schwert kann sich auf dem Schwertbolzen frei hin- und herbewegen und stellt sich immer zur richtigen Seite an, da der Drehpunkt zwar auf halber Profillänge, der Druckpunkt aber im ersten Drittel liegt.

Sitz im Schwertkasten
Hat das Schwert Spiel im Schwertkasten oder sitzt es nicht gerade, können verschiedene Unregelmäßigkeiten auftreten:
1. Das Boot fährt eine geringere Höhe am Wind.
2. Das Schwert „brummt" unüberhörbar, ein Zeichen, daß der Strömungsablauf unregelmäßig ist.
3. Die Steuergenauigkeit ist stark herabgesetzt.

Abhilfe kann mit einfachen Mitteln geschaffen werden. Der paßgenaue Sitz des Schwertes im Schwertkasten läßt sich feststellen, indem das Boot auf die Seite gelegt und das Schwertende seitlich bewegt wird. „Klappert" es, sollten Distanzstreifen aus gleitfähigem Teflon in den Schwertkasten geklebt werden. Wo sie genau plaziert werden, stellt man durch Messen von der Scheuerleiste auf die Schwertspitze fest, nachdem das Schiff auf den Kopf gedreht wurde. Der Abstand muß zu beiden Seiten genau gleich sein. Dazu ist unter Umständen der Schwertkasten erst anzuschleifen, damit die Streifen auch genügend Platz haben. Es handelt sich dabei normalerweise nur um wenige Millimeter.

Spiel in Ruderanlagen
Oft genug haben Ruderanlagen so viel Spiel, daß ein exaktes Steuern überhaupt nicht möglich ist. Das kann einer Crew bei viel Wind unter Spinnaker zum Ver-

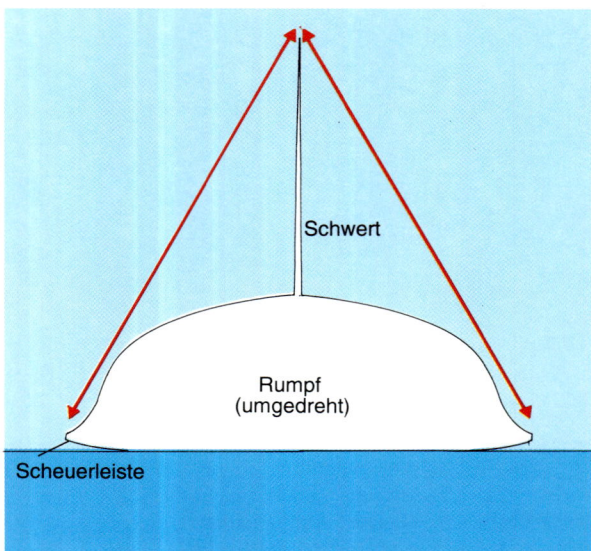

Einfache Messungen auf die Scheuerleiste zeigen, ob das Schwert wirklich gerade steht.

hängnis werden, wenn unkontrollierte Ruderausschläge eine Kenterung verursachen.

Ruderbeschläge mit zuviel Spiel sollten ausgetauscht oder aufgebohrt werden, um eine dünne Teflon- oder Nirohülse einzusetzen.

Pflege von Ruder und Schwert

Ruder und Schwert sind meist in Leistenbauweise ausgeführt und erhalten zu ihrer Steifigkeit und ihrem Schutz eine feine Epoxy-Mattenlage. Da Epoxy zwar hart, aber auch stoßempfindlich ist, sollten die Profile außerhalb des Bootes in Taschen aufbewahrt werden. Beschädigungen kommen durch Grundberührungen oder ähnliches schon einmal vor. Das sorgfältige Ausbessern mit Epoxyharz oder -spachtel muß unbedingt erfolgen, bevor Wasser ins darunterliegende Holz ziehen kann. Das Ruderblatt oder Schwert wird sonst schnell weicher, schwerer, und es kann brechen. Um die Oberfläche glatt zu halten, können sie mit sehr feinem Naßschleifpapier leicht angeschliffen und so auch gründlich gesäubert werden.

Die Ausrüstung

Schoten

Die Eigenschaften von Tauwerk differieren je nach der verwendeten Faser:

Gutes **Polyester-Tauwerk** mit endlos hochfesten Polyester-Fasern als Garnrohstoff ist universell an Bord einsetzbar und dazu günstig im Preis. Es ist das meist-benutzte Tauwerk, das seine Eigenschaften im langjährigen Einsatz behält und überall in vielen Stärken und mit den verschiedensten Mänteln käuflich ist. Ein sich griffig anfühlender Mantel (aus Polyester-Stapelfasergarn) eignet sich am besten für Schoten und Strecker, die vor allem aus der Hand gefahren werden, während die glatter erscheinenden Mäntel (aus Polyester-Endlosgarn) widerstandsfähiger gegen Abrieb sind (Winschen und Fallstopper).

Das Aramid-Tauwerk, unter dem Namen **Kevlar** bekannt, weist eine bedeutend höhere Reißfestigkeit als Polyester-Tauwerk auf, der Reck ist geringer als bei Stahl. Das bedeutet im praktischen Einsatz, daß für dieselben Funktionen an Bord, im Vergleich zum Polyester-Tauwerk, wesentlich dünnere Durchmesser verwendet werden können. Nachteile von Kevlar sind die schlechtere Biegefestigkeit, wenn es beispielsweise über eine Fallrolle mit kleinem Durchmesser läuft. Kevlar-Tauwerk ist außerdem empfindlich gegen Witterungseinflüsse, vor allem UV-Licht, und die Enden lassen sich nicht mit dem Polyestermantel verschweißen. Aramid-Fasern schmelzen nicht, sie verkohlen bei höheren Temperaturen. Hier muß mit Tape und dünnem Garn eine Verbindung zwischen Mantel und Seele am Ende der Leine hergestellt werden.

Die Polyäthylen-Faser **Dyneema** weist dagegen optimale Tauwerks-Eigenschaften auf: geringer Reck, hohe Festigkeit, keine Wasseraufnahme und eine sehr gute Langlebigkeit, die einen höheren Preis rechtfertigt. Auch hier lassen sich im Vergleich zu Polyester-Tauwerk kleinere, leichtere und damit am Ende auch preislich günstige Durchmesser wählen.

Eigenschaften von regattaerprobtem Tauwerk

Garn-Rohstoff	Polyester	Aramid (Kevlar)	Polyäthylen (Dyneema)
Reißfestigkeit cN/tex	74	190	230
Naßreißfestigkeit in Relation zur normalen Reißfestigkeit	100 %	90 %	100 %
Knotenreißfestigkeit	50 %	40 %	55 %
Reißfestigkeit nach 2jähriger Bewitterung	90 %	—	90 %
Dauerbiegefestigkeit	gut	nicht gut	sehr gut
Säurebeständigkeit	sehr gut	nicht beständig	sehr gut
UV-Beständigkeit	gut	nicht beständig	sehr gut
Entflammbarkeit	schmilzt	verkohlt	schmilzt

Die Eigenschaften des Mantels für die Handhabung lassen sich schon beim Kauf gut beurteilen.

Tip:

Ganz neue Schoten können beim ersten Naßwerden schmierig werden und sind dann schlecht zu halten. Dagegen hilft das Auswaschen des Tauwerks mit lauwarmem Wasser vor dem ersten Einsatz.

Beschlagsanordnung auf einem Cupper: Viele Winschen erleichtern die Arbeit nur dann, wenn sie auch sinnvoll angeordnet sind.

Verjüngung von Schoten

Verbesserte Tauwerks-Fasern führen zu immer dünneren und leichteren Schoten. Im Griffbereich muß andererseits eine Mindeststärke für leichtes Halten gegeben sein. Durch eine Verjüngung der Schoten, vor allem der Spischot, läßt sich beides kombinieren.

Solche Schoten gibt es besonders für den Einsatz als Spischoten in verschiedenen Längen fertig zu kaufen, teilweise sogar für bestimmte Bootsklassen und mit mehrschichtiger Verjüngung. Will man eine zu dünne Schot im Griffbereich verstärken, so zieht man beispielsweise den Mantel einer dickeren Polyester-Leine über eine dünne Dyneema-Schot. An den Mantelenden werden beide nur sparsam vernäht, denn alles soll noch optimal durch die Blöcke laufen können.

Leichtwindschoten

Leichtere und damit dünnere Schoten für Leichtwind erhöhen die Leistungsfähigkeit der „frei fliegenden" Segel wie Fock und Spinnaker immens. Sie sind ein wirksames Mittel, um das Achterliek bei leichtem Wind solange offen zu halten, bis das Segel bei weiter abnehmendem Wind durch sein Eigengewicht ganz schließt und seine Wirksamkeit gegen Null geht. Für diesen Einsatz sind dünne Schwimmleinen (beispielsweise aus Polypropylen) gut geeignet, weil sie beim Spinnakerfahren auch einmal kurzzeitig ins Wasser hängen können. Sie nehmen praktisch kein Wasser auf, was auch bei Regen günstig ist, und beanspruchen immer nur minimales zusätzliches Staugewicht.

Pflege von Tauwerk

Die Pflege von Tauwerk entspricht ungefähr der von Segeltuch. Wichtig ist das Ausspülen oder Abspritzen salziger Leinen mit Süßwasser und das anschließende Trocknen. Nach dem Segeln sollte Tauwerk zur Schonung möglichst nirgendwo im Schiff mehr unter Spannung stehen oder in Klemmen liegen. Eine trockene und dunkle Lagerung erhöht die Lebensdauer.

Die regelmäßige Kontrolle des Bootes umfaßt auch das Tauwerk. Neben offensichtlichen Schädigungen des Mantels sollte stark gebogenes Tauwerk (zum Beispiel an Kanten) von Zeit zu Zeit ersetzt werden, vor allem wenn es sich um Kevlar handelt.

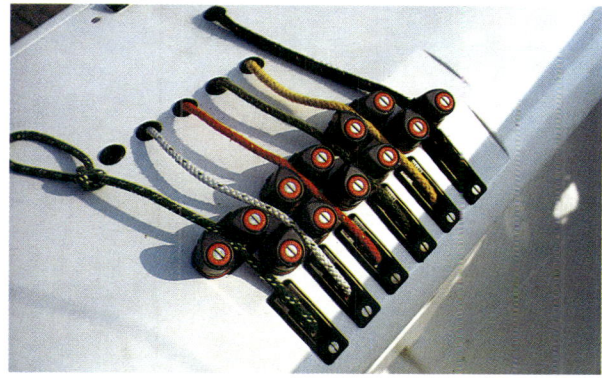

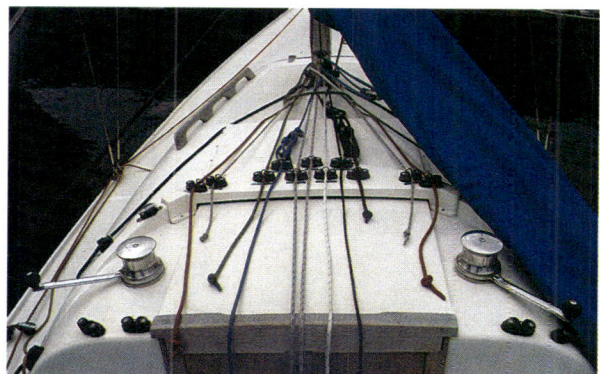

Auf dieser Jolle sind alle Strecker auf den Seitentank geführt und gut zu bedienen. Bei der Qualität der Klemmen hat man hier aus Kostengründen Prioritäten gesetzt und nur die Großschotklemme als hochwertige Kugellagerklemme montiert.

Links oben: Für jede Funktion eine andere Farbe. Ohne diese Unterscheidung der Strecker müßte der Steuermann dieses Starbootes erst länger nachdenken oder abzählen.

Links: Auch hier sind die Strecker bedienungsfreundlich plaziert.

Fallen

Welche Fallen für welches Boot? Niro oder Textil?
Für Jollen haben **Drahtfallen** im allgemeinen Vorteile. Fallen aus Nirodraht besitzen eine hohe Abriebfestigkeit, was sie für eventuell scharfkantige, schwergängige Fallrollen oder Kanten im Mast weniger anfällig macht.

Die richtige Länge des Falls ist in vielen Klassen sehr wichtig. Ein Drahtfall läßt sich exakt auf die geforderte Länge pressen, so daß das Groß beispielsweise immer direkt bis zur oberen Marke vorgeheißt ist. Die Pressung selbst ist sehr widerstandsfähig, weil die Preßhülse mit dem Nirodraht eine dauerhafte Verbindung eingeht. Pressungen kann jeder mit einer entsprechenden Zange durchführen.

Textilfallen sind gut für kleinere Kielboote, aber auch für Jollen geeignet. Sie sind leicht, griffig, und ein Fall mit einer hochwertigen Seele aus Kevlar oder Dyneema hat weniger Reck als ein Nirofall. Auch bei Textilfallen hält die Seele praktisch alles. Der Mantel soll vor allem abriebfest sein, damit er an den Fall- und Umlenkrollen sowie in den Fallstoppern weniger leicht

beschädigt wird. Das Anfertigen eines Vorläufers entfällt, und so ist das Austauschen eines Falles sehr viel leichter.

Fallen mit Kevlar-Kern sollten nach spätestens einer Saison gewechselt werden, weil sie der ständigen Belastung auf einer Fallrolle immer an derselben Stelle nicht lange gewachsen sind und ohne Vorwarnung brechen können. Fallen und Fallenvorläufer müssen Markierungen tragen, damit eine feste Einstellung auf Anhieb „sitzt" und Veränderungen der Fallspannung kontrolliert erfolgen können.

Strecker

Strecker sind in einem schnellen Boot zahlreich vorhanden. Ihr Durchmesser sollte aus Gewichtsgründen möglichst klein sein. Auch hier empfiehlt sich hochwertiges Tauwerk, das wenig Reck hat, nur sehr wenig Wasser aufnimmt und auch bei starker Beanspruchung viele Jahre Freude macht. Strecker für verschiedene Einsatzzwecke sollten unterschiedliche Farben haben, damit ein kurzer Blick genügt, um in die richtige „Saite" zu greifen.

139

Mittelblock mit umgedrehter Schot-klemme, eine sinnvolle Alternative: Hier wird die Großschot vor allem aus der Hand gefahren und nicht aus Bequemlichkeit in die Klemme gelegt.

Rechts oben: Die Großschotführung dieses H-Bootes ermöglicht über zwei Parten einmal ein schnelles Dichtholen und zum anderen eine feine, leichte Ein-stellung unter Last.

Rechts: Auf dieser Jolle ist eine preis-werte, aber wenig bedienungsfreund-liche Großschotklemme zu sehen, die zum Lösen der Schot jedesmal hochge-klappt werden muß. Die Hängegurte sollten, um sie mit den Füßen besser zu erreichen, mit Gummis zum Hochhal-ten ausgestattet werden.

Blöcke für die Großschot

Nahezu alle Blöcke an Bord, vor allem aber die Groß-schotblöcke, sollten kugelgelagert sein. Speziell bei leichten Winden läßt sich das Groß mit mehr Gefühl fahren und schneller fieren, soll es zum Beispiel auf die Vormwind-Strecke gehen.

Die Anordnung der Blöcke am Baum soll so sein, daß der Zugwinkel senkrecht gerichtet ist. Der Mast wird im unteren Bereich durch Einsatz des Baumniederho-lers gebogen, nicht durch den Großschotzug.

Die passende Übersetzung muß sich nach auftreten-den Schotkräften und der Kraft und Kondition der Mannschaft richten. Jede zusätzliche Part ermöglicht zwar, die Schot leichter zu holen, schränkt aber bei Jol-len die Schnelligkeit ein, mit der gezogen werden kann. Dies spielt raumschots eine Rolle, um das Segel für die Gleitphase auf einer Welle kurz und nachhaltig anpumpen zu können. Bei leichtem Wind, wenn die

Haltekräfte ohnehin nicht so groß sind, empfiehlt sich der Trick, eine Part herauszunehmen, um die Schot direkter fahren zu können. So hat man mehr Gefühl, und die Schot läßt sich beim Abfallen besser fieren.

Immer empfehlenswert ist die Verwendung eines Fuß-blockes, weil ein tieferer Zugwinkel ergonomisch gün-stiger ist. Der Fußblock, möglicherweise auch noch ein weiterer Großschotblock am Baum, sollten eine zuschaltbare Ratsche besitzen, um die Haltekräfte bei mehr Wind zu minimieren.

Die Schotklemme ist auf dem Seitentank beziehungs-weise Seitendeck direkt bei der Hand des Steuer-manns oder Großsegeltrimmers angebracht, um die Schot blitzschnell lösen zu können. Für schnelles Segeln gilt allerdings, die Großschotklemme nicht allzu oft zu benutzen, denn die Großschot ist das Gas-pedal des Bootes und sollte ständig getrimmt werden.

Starrer Baumniederholer: Der Baum wird zuverlässig gehalten und kann sich im Hafen oder bei sehr wenig Wind zur Öffnung des Achterlieks auf der Stange abstützen. Besser als diese Lösung mit festem Abstand sind solche, die noch eine Verstellung erlauben.

Der Baumniederholer dieser Jolle sollte größer übersetzt sein. Er ist zudem umständlich zu bedienen, weil die Klemme außerhalb des Griffbereichs liegt. Block und Klemme, auf dem Dach der Schutzkajüte montiert, können hier Abhilfe schaffen.

Baumniederholer

Die Funktion des Baumniederholers verlangt eine leichte Verstellbarkeit unter allen Bedingungen. Auch bei viel Wind muß es raumschots möglich sein, Zug auf das Großsegel auszuüben und an der Kreuz den Mast vorzubiegen. Häufig ist das nicht der Fall, weil die eingebaute Übersetzung nicht ausreicht.

Starre Baumniederholer sind vorteilhaft für kleine und große Kielboote. Sie haben bei etwas höherem Freis den Vorzug, daß der Großbaum von unten stützen kann und so das Großsegelachterliek bei wenig Wind jederzeit offen gefahren werden kann. Außerdem kann eine Dirk entfallen.

Hier ist nur für die Genua eine Verstellung nach innen beziehungsweise außen vorgesehen. Bei mehr Wind muß auf diesem kleinen Kielboot die ganze Crew auf die Kante, eine Querverstellung der Fock wäre hier unpraktikabel. Deshalb wurde eine zusätzliche Fockschiene weiter innen angebaut.

Wo das Gewicht auf der hohen Kante bleiben muß, ist eine von hinten zu bedienende Querverstellung des Fockholepunkts vorteilhaft, wie auf diesem Star. Es fehlen hier aber Marken, um bewährte Einstellungen wiederzufinden (Bild unten).

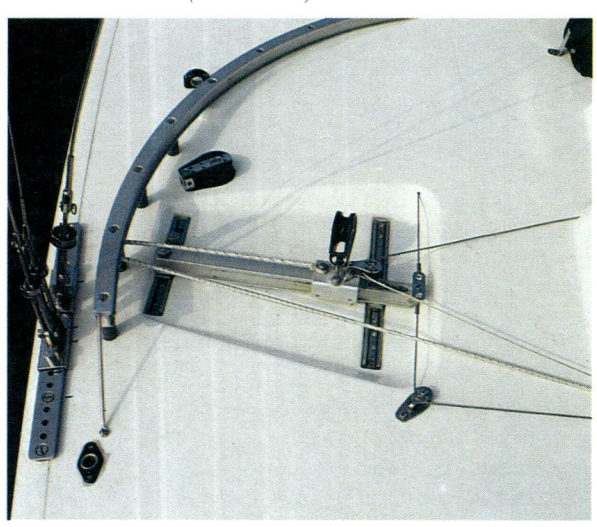

Ausreitgurte

Ausreitgurte sollten in jedem Regattaboot eingebaut sein, das diesen Einsatz des Crewgewichts erlaubt. Auf Jollen sind sie selbstverständlich, auf kleineren Kielyachten spielen sie mittlerweile eine Rolle, sind bei Regatten jedoch nur in der Sicherheitskategorie V für Binnenreviere erlaubt.

Wichtig ist eine ausreichend tiefe Anbringung von Ausreitgurten im Schiff, denn der Winkel zwischen Ober- und Unterschenkel sollte 90 Grad nicht überschreiten müssen, um den Körper nicht unnötig hoch zu belasten. So hängt der Segler eines Lasers, durch das fla-

che Cockpit bedingt, mit relativ gestreckten Beinen, mit allen negativen Folgen für die Wirbelsäule und die Knie.

Weiterhin sollte der Hängegurt leicht verstellbar (und gut gesichert!) sein, um ein Anpassen seiner Länge an die unterschiedlichen Körpergrößen zu ermöglichen. Eine Änderung der Einstellung von Zeit zu Zeit oder für einen neuen Kurs, eine andere Windstärke, kann das Hängen insgesamt erleichtern. Die Gurte sollten nicht unaufgeräumt im Schiff herumliegen oder irgendwie aufgespannt sein, sondern durch Gummis hochgehalten werden, um ein schnelles Unterhaken der Füße zu ermöglichen.

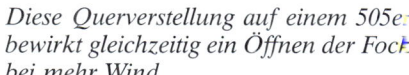

Diese Querverstellung auf einem 505er bewirkt gleichzeitig ein Öffnen der Fock bei mehr Wind.

Links unten: Kleine Kielboote sind meistens nicht zum Ausreiten ausgelegt. Hier hilft ein PVC-Rohr, auf der Scheuerleiste oder Fußreling fixiert, gegen die harte Kante.

Unten: Trapezkanten sollten so aufgeklebt sein wie diese. Hier hat der Vorschoter in hoher wie tiefer Position einen sicheren Stand.

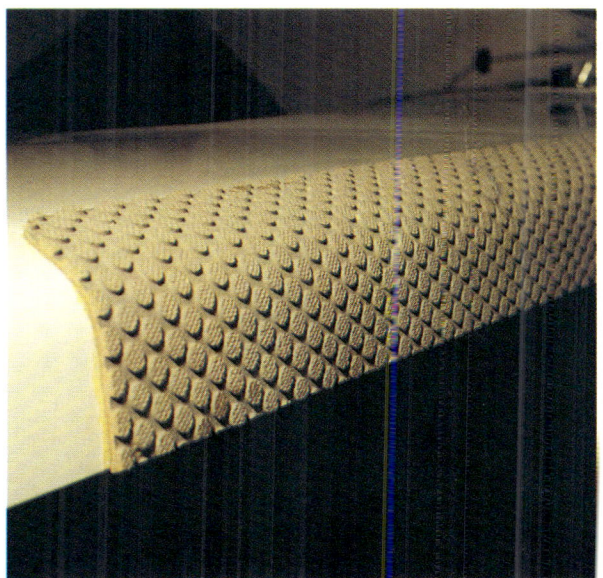

Trapezhaken und -verstellungen

Die Trapezhaken der allermeisten Jollen sind völlig ausreichend. Ist keine Verstellung eingebaut, so muß der Trapezdraht gekürzt und dann ein einfacher Flaschenzug dazwischengesetzt werden. Dieser sollte in seiner losesten Stellung, natürlich mit einem Knoten gegen Durchrutschen durch die Klemme gesichert, das Hängen in einer horizontalen Trapezposition ermöglichen. Das Trapezgummi muß jetzt, ohne daß jemand im Trapez steht, noch so stramm gespannt sein, daß der Haken nicht lose umher „baumelt". Er ist sonst nach der Wende sehr schwer zu greifen. Gibt das Tra-

pezgummi diese Variationsmöglichkeit nicht her, so schafft ein neues, länger durchs Schiff geführtes oder eins mit einem größeren Durchmesser Abhilfe. Trapezgummis sollten ohnehin jährlich ausgetauscht werden. Die Verstellung funktioniert gut, wenn man sich im Trapez hängend, jederzeit mit einer Hand hochziehen kann. Eine sichere Funktion der Klemme mit dem entsprechend passenden Tauwerk ist Voraussetzung, um ein Durchrutschen mit entsprechender Unruhe im Boot zu vermeiden. Alu-Kammklemmen haben sich bewährt.
Die Trapezkante einer Jolle oder eines Binnenrenners muß eine sehr gute Standfestigkeit ermöglichen. Weiche Materialien bieten meist besseren Halt.

Lenzer

Lenzer sind ein häufiges Ärgernis auf Jollen. Ist ihre Funktionstüchtigkeit erst einmal beeinträchtigt, tritt eine unangenehme Undichtigkeit auf. Dies kann durch eingedrungenen Sand passieren oder das unbedachte Aufsetzen eines Bootes auf seinen Lenzer an Land. Undichte Lenzer sollten umgehend ausgetauscht werden, um nicht Wasser im Schiff spazierenzufahren.

Nieten und Schrauben

Werden Beschläge direkt mit dem Deck vernietet, sollten die Nieten selbstverständlich wasserdicht sein. Beim Anbringen von Beschlägen an Mast und Baum verwendet man am besten Niro-Nieten, die besser halten. Nicht vergessen, die Nieten vorher in Paste zu tauchen, wenn sie mit Aluminium in Berührung kommen. Immer wieder sieht man, daß Beschläge mit einfachen VA-Muttern verschraubt sind. Besser sind selbstsichernde Muttern, damit sich die Beschläge nicht losarbeiten können.

Umsetzen von Beschlägen

Die alten Schraubenlöcher sollten sofort abgedichtet werden, und zwar nicht mit Tape. Der Einsatz von Dichtungsmasse, beispielsweise Silikone, ist für alle Schraubarbeiten an Rumpf und Deck sehr wichtig. Feuchtigkeit ist der Feind des Laminats, und im Inter-

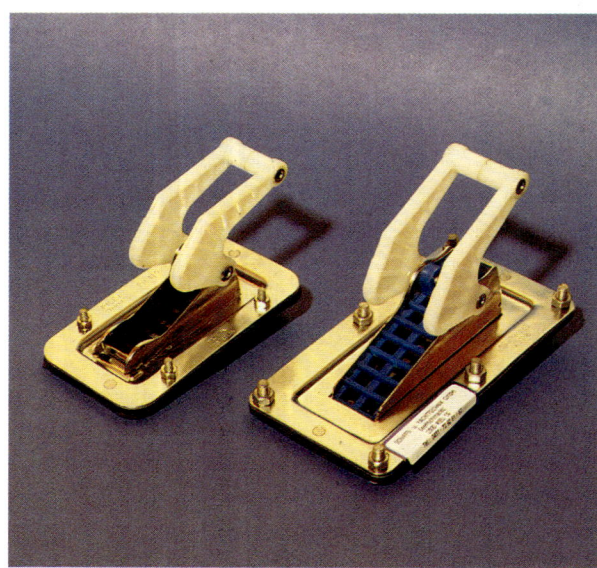

Lenzer mit Gitter, um zu verhindern, daß Tauwerksenden nach außen im Wasser hängen können. Der kleinere bietet im geöffneten Zustand weniger Wasserwiderstand, er eignet sich zum dauernden Öffnen bei viel Wind. Der größere hat eine höhere Lenzleistung.

Back- und Achterstagen sollten immer in Heckmitte angreifen, um den Mast nicht schiefzuziehen. Moderne Riggs verlangen eine leichte Verstellbarkeit mit Umlenkung ins Cockpit.

esse der Langlebigkeit eines Bootes muß hier größte Sorgfalt walten: Die Schraubenlöcher dürfen nicht zu groß sein. Ein stärker beanspruchter Beschlag muß je nach Laminatstärke mit Scheiben, besser noch einer leichten Platte, unterlegt werden. Inspektionsluks erleichtern die Arbeiten an unzugänglichen Stellen und verbessern die Durchlüftung und damit Trocknung von ansonsten geschlossenen Hohlräumen wie den Seitentanks einer Jolle.

Werkzeug an Bord

Eine Grundausrüstung von Werkzeug und Kleinteilen an Bord muß nicht schwer wiegen und ist sehr zu empfehlen. Dazu gehören eine Zange (beispielsweise eine kleine Feststellzange), ein Schraubenzieher, verstellbarer Schraubenschlüssel, Messer mit Schäkelöffner, ein dünnes Ersatzbändsel aus Kevlar oder Dyneema, ein Schäkel sowie vielleicht noch ein paar bootsspezifische Ersatzteile.

Tip:
Sollte einmal der Trapezhaken brechen, so ist einfach und schnell Ersatz durch einen offenen Schäkel geschaffen, der an einer Seite mit einem Bändsel befestigt wird. Schäkel können auch beim Umtrimmen auf dem Wasser verlorengegangene Fastpins (sichern!) ersetzen.

Verstellbare Wantenspanner mit Einheitenskala erleichtern das Arbeiten mit dem Rigg, sollen zum Beispiel ein anderer Mastfall oder eine neue Spannung probiert werden.

Hier sind die Wanten über einen Hebel direkt verstellbar und können aktiv zu Trimmänderungen während des Segelns eingesetzt werden.

145

Ein ausgezeichnet ablesbarer Jollen-Kompaß mit Halterung an der Mast-spur.

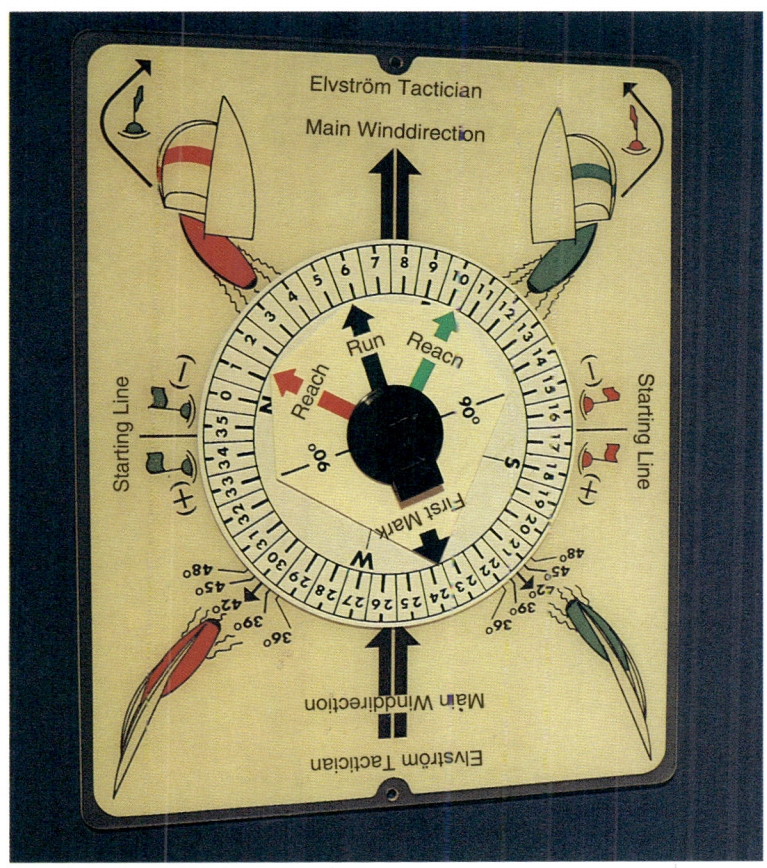

Eine sogenannte Taktikscheibe kann die Funktion des Kompasses sinnvoll erweitern. Diese wird durch Lösen des Schlosses in der Mitte gedreht.

Kompasse

Der Kompaß ist das wichtigste Instrument an Bord eines Bootes. Er sollte auf keinem Schiff fehlen. Gute Modelle haben übersichtliche Kompaßrosen mit so großen Zahlen, daß sie auch bei nur kurzem Blick gut ablesbar sind.

Es gibt Kompasse zur Montage im Deck, im Schott oder am Mast mit einer entsprechenden Halterung. In Deck und Schott sollten wegen der besseren Ablesbarkeit immer zwei Kompasse eingebaut sein. Montiert man sie selbst, ist auf folgendes zu achten:

1. Eine größere Entfernung von magnetischen Metallteilen.
2. Die korrekte Ausrichtung zur Mittschiffslinie.
3. Beide Kompasse sollen das gleiche anzeigen.

Eine Hilfe zum sinnvollen Umgang mit dem Kompaß kann eine Taktik-Scheibe sein, die in der Nähe des Kompasses plaziert wird. Sie hilft bei der Ermittlung der besseren Startseite, gibt Kurse für Raum- und Vormwind-Strecken und hilft, bei der Beurteilung von Winddrehungen immer die Hauptwindrichtung zu berücksichtigen.

Tip:

Nehmen Sie Ihren Kompaß im Winter aus dem Boot. Er könnte bei sehr starkem Frost Schaden nehmen. Setzen Sie Ihren Kompaß nicht unnötig der Sonnenstrahlung aus. Eine passende Schutzkappe aus Plastik oder eine selbstgenähte Persenning schonen das Gehäuse und erhalten Farbe und Ablesegenauigkeit.

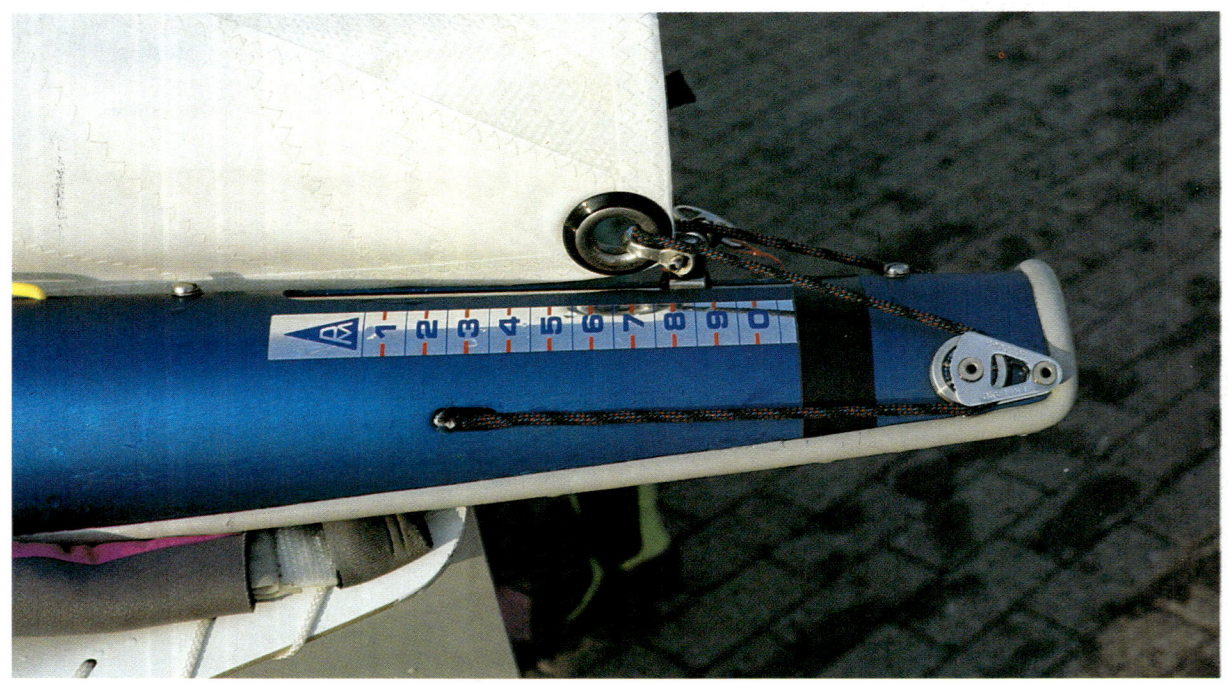

*Ohne Marken geht es nicht: ein vorbild-
licher Großbaum.*

*Hier wird der Salingwinkel über Wan-
tenspanner variiert. Marke Eigenbau.*

Mastkontroller

In den Jollenklassen wird der Mastkontroller aktiv zum Trimmen genutzt, um den Mast im unteren Bereich bei zunehmendem Wind zu halten oder auch vorzubiegen. Kielschiffe fahren zur Einstellung der Position des Mastes im Deck meistens Keile aus Gummi, Holz oder anderen Materialien. Eine Veränderung während des Segelns ist damit kaum möglich, dies wäre aber für einen optimalen Trimm von Vorteil.

Starrer, sehr effektiver Mastkontroller. Er kann auch Mast und Baum nach vorne ziehen, um eine Vorbiegung im unteren Bereich zu erzeugen; eine wirksame Maßnahme bei wenig Wind.

Bücher, die Sie interessieren

Richard Creagh-Osborne/Bob Fisher

Das ist Regattasegeln

Maßnahmen vor dem Start und taktische Fragen und Probleme, die sich auf der Bahn während des Rennens ergeben.
180 S. mit 332 farb. Abb., geb. DM 34,–

Robbert Das/Erik von Krause

Manöver für Segler

Eine einzigartige Sammlung detaillierter Manöverbeschreibungen für Einsteiger und Könner. Hervorragend illustriert und praxisgerecht kommentiert.
184 S. mit 315 Zeichn., geb. DM 34,–

Dick Kenny

Yachtsegel

Wirkung – Schnitt – Trimm
Kenntnisse über Rigg und Segel, die wichtig und nützlich sind für jeden, der von seiner Besegelung optimale Vortriebskräfte erwartet.
160 S. mit 268 farb. Abb., geb. DM 34,–

Matthew Sheahan

Das Rigg

Auswahl – Wartung – Tuning
Der effektive Einsatz von Masten, Spieren, Verstagung. Alles Wissenswerte über Bauweise, Materialien, Oberflächenschutz, spezielle Konstruktionsmerkmale, Zusatzausrüstung, Refftechnik usw.
168 S. mit 280 Abb., geb. DM 48,–

Tom Whidden/Michael Levitt

Das Segel

Material – Konstruktion – Aerodynamik – Praxis
Das Standardwerk zu allen Fragen rund um das Segel: Segelfläche, moderne Segeltuche, Aerodynamik und praktische Umsetzung für Fahrten- und Regattasegler.
344 S. mit 160 Abb., geb. DM 68,–

Joachim Schult

So arbeitet das Segel

Betriebsanleitung für unseren Windmotor
Alles über den scheinbaren Wind und seine Auswirkungen auf die Segel.
192 S. mit 135 Zeichn., kart. DM 17,80

Joachim Schult

Segeltechnik leicht gemacht

Schotführung auf allen Kursen und Segelwahl für jedes Wetter. Für jeden Segler wichtig, der sein segeltechnisches Gefühl durch Wissen und Kenntnisse untermauern möchte.
222 S. mit 228 Zeichn., kart. DM 18,80

Bent Aarre

Spinnakersegeln

Formen, Einsatz und Bedienung dieses Zusatzsegels unter allen Bedingungen auf großen und kleinen Booten.
88 S. mit 64 Abb., kart. DM 13,80

Peter Schweer

Das optimal getrimmte Rigg

mit 8 Trimmtabellen
Wie man Rigg und Segel den Wind- und Wasserverhältnissen richtig anpaßt.
120 S. mit 80 Abb., kart. DM 15,80

Jochen Halbe

Match Racing

Eine neue Art des Wettsegelns
Nach einer allgemeinen Einführung erklärt der Autor die Regeln und gibt Hilfen für die Taktik auf der Bahn.
110 S. mit 75 Abb., kart. DM 15,80

Viele andere Bücher beschäftigen sich neben diesen noch mit dem Segeln und auch mit dem Motorbootfahren. Verlangen Sie unser ausführliches Verzeichnis über Ihre Buchhandlung oder direkt vom Delius Klasing Verlag, Postfach 10 16 71, 4800 Bielefeld 1.

(Preisänderungen vorbehalten!)

 Delius Klasing Verlag